CATALOGUE

DES

DESSINS, ESTAMPES ET LIVRES A FIGURES

QUE RENFERME LA

BIBLIOTHÈQUE

DE FEU

M. ANTOINE-AUGUSTIN RENOUARD,

Ancien libraire, ancien maire du xie arrondissement,

Dont la vente aura lieu le Lundi 20 novembre et jours
suivants, à 7 heures précises du soir,

RUE DES BONS-ENFANTS, 28, MAISON SILVESTRE.

Les adjudications seront faites par Me BOULOUZE,
Commissaire priseur, rue de Richelieu, 69.

(EXTRAIT DU CATALOGUE GÉNÉRAL.)

PARIS,

CHEZ L. POTIER, LIBRAIRE, QUAI MALAQUAIS, 9,

ET A LA LIBRAIRIE

JULES RENOUARD ET Cie, RUE DE TOURNON, 6.

1854.

CATALOGUE

DES

DESSINS, ESTAMPES ET LIVRES A FIGURES

DE

LA BIBLIOTHÈQUE

DE FEU

M. ANTOINE-AUGUSTIN RENOUARD.

TYPOGRAPHIE DE FIRMIN DIDOT FRÈRES, RUE JACOB, 56.

CATALOGUE

DES

DESSINS, ESTAMPES ET LIVRES A FIGURES

QUE RENFERME LA

BIBLIOTHÈQUE

DE FEU

M. ANTOINE-AUGUSTIN RENOUARD,

Ancien libraire, ancien maire du xie arrondissement,

Dont la vente aura lieu le Lundi 20 novembre et jours suivants, à 7 heures précises du soir,

RUE DES BONS-ENFANTS, 28, MAISON SILVESTRE.

Les adjudications seront faites par Me BOULOUZE,
Commissaire priseur, rue de Richelieu, 69.

(EXTRAIT DU CATALOGUE GÉNÉRAL.)

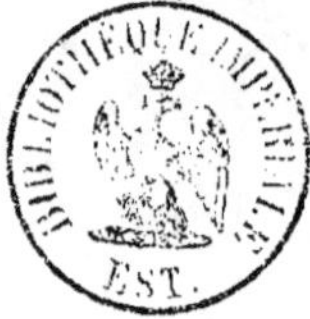

PARIS,

CHEZ L. POTIER, LIBRAIRE, QUAI MALAQUAIS, 9,

ET A LA LIBRAIRIE

JULES RENOUARD ET Cie, RUE DE TOURNON, 6.

1854.

Le nombre considérable et l'importance des dessins et gravures que renferme la riche bibliothèque
de feu M. A. A. Renouard, nous a donné lieu de pen-
ser qu'il serait agréable aux amateurs d'en avoir un
Catalogue particulier, qui leur éviterait la peine de
rechercher parmi les 3,500 articles du Catalogue général ceux qui devront surtout fixer leur attention.

Nous ne nous sommes pas bornés à faire entrer
dans cette notice les dessins et les gravures qui existent en recueils ou séparément; nous y avons placé
tous les ouvrages enrichis de dessins, et même un
certain nombre de ceux qui ne sont ornés que de
gravures, mais seulement lorsque ces ornements sont
importants et donnent beaucoup de valeur aux livres.

Par suite de la même idée, nous avons également
indiqué les beaux ouvrages à figures.

La nature toute spéciale de cette notice nous a
permis d'ajouter aux remarques du Catalogue général
quelques détails que nous avons en partie extraits
des notes préparées par M. Renouard, qui avait eu
lui-même la pensée de terminer son Catalogue par une
liste exacte de ses dessins et de ses gravures.

Nous ne nous étendrons pas ici sur le mérite des
objets qui composent cette notice; elle n'est pas assez longue pour qu'en un instant on ne voie pas tout

ce qu'elle offre de capital. Nous appellerons seulement l'attention sur le n° 5o, PRECES PIÆ, un des plus beaux livres d'Heures avec miniatures qui aient été encore exposés en vente. Nous mentionnerons pareillement les cinq ravissants dessins de PRUD'HON, placés sous les n°ˢ 1517, 1700, 2o39, 3613 et 3614. Quant aux autres artistes, tels que Boucher, Eisen, Marillier, Moreau, etc., etc., dont on trouvera ici une quantité considérable de dessins, presque tous des plus remarquables, nous renverrons à la table de leur noms, placée à la fin du Catalogue.

AVIS IMPORTANT.

Les articles du présent Catalogue, faisant partie de la bibliothèque de M. A. A. Renouard, seront vendus dans les vacations ci-dessous indiquées.

1re — *Lundi, 20 novembre 1854.*

N°s 2605 à 2612.

3e. — *Mercredi, 22 novembre.*

— 120, 121.

4e. — *Jeudi, 23 novembre.*

— 168, 962 à 976, 2702 à 2705.

5e. — *Vendredi, 24 novembre.*

— 2447, 2460, 1040.

6e. — *Samedi, 25 novembre.*

— 1051, 2424, 2426, 2437, 2473.

7e. — *Lundi, 27 novembre.*

— 1058, 1059, 1076, 1081, 1084, 2398, 2399.

8e. — *Mardi, 28 novembre.*

— 1105, 2378, 2383.

9e. — *Mercredi, 29 novembre.*

— 1152, 1153, 2833.

10e. — *Jeudi, 30 novembre.*

— 348, 2320, 2321.

11e. — *Vendredi, 1er décembre.*

— 3561, 3562.

3e. — *Lundi, 4 décembre.*

N°s 1252.

14e. — *Mardi, 5 décembre.*

— 473, 2138, 2145.

15e. — *Mercredi, 6 décembre.*

— 519, 520, 521, 523, 529, 530, 531.

16e. — *Jeudi, 7 décembre.*

— 2059, 2061, 2013, 2033, 2035.

17e. — *Vendredi, 8 décembre.*

— 1986, 1992, 2001, 2003, 1967.

18e. — *Samedi, 9 décembre.*

— 767, 774, 775, 1933, 1898, 1905, 1916, 1917.

19e. — *Lundi, 11 décembre.*

— 605, 607, 610, 1853, 1859, 1864, 1883, 1353.

20e. — *Mardi, 12 décembre.*

— 1370, 1386, 1388 à 1390, 1333, 1334, 1335, 1517, 1518, 1531 à 1534, 618 à 641, 1128.

21e. — *Mercredi, 13 décembre.*

— 1802, 1805, 1809, 1822, 1824 à

Nᵒˢ 1826, 1538, 1547 à 1550, 1564, 1569, 1649, 1650, 1660, 1941, 1994 à 1996, 2415 à 2422 2852 à 2856, 3610 *bis* à 3616, 2039.

22ᵉ. — *Jeudi,* 14 *décembre.*

— 3173, 1723, 1731, 1745, 1762, 1767, 1771, 1775, 1780, 654-684.

23ᵉ. — *Vendredi,* 15 *décembre.*

— 3141, 3142, 1700, 1707, 685 à 715.

24ᵉ. — *Samedi,* 16 *décembre.*

— 3111, 1662, 1664, 1672, 1682, 1685, 1396, 716 à 747.

25ᵉ. — *Lundi,* 18 *décembre.*

— 3085, 3087, 3090, 3091, 3092,

Nᵒˢ 3095, 1651, 1652, 1426, 748 à 755, 1936 à 1940, 2160 à 2164, 2166 à 2168, 3616 *bis* à 3618, 3620 à 3622.

26ᵉ. — *Mardi,* 19 *décembre.*

— 3639 *bis,* 3029, 3050, 3053, 1614.

27ᵉ. — *Mercredi,* 20 *décembre.*

— 1578, 2894.

29ᵉ. — *Vendredi,* 22 *décembre.*

— 2968, 1525, 1544, 14, 16, 19, 20, 23 à 27.

30ᵉ. — *Samedi,* 23 *décembre.*

— 3004, 1310, 1311, 1312, 1314, 1316, 1323, 28, 29, 46, 49, 50.

Il y aura chaque jour de vente, de 1 à 3 heures, exposition des objets qui seront vendus le soir.

CATALOGUE

DES

DESSINS ET ESTAMPES

DE LA BIBLIOTHÈQUE

DE FEU M. A. A. RENOUARD.

THÉOLOGIE.

14. (1) Le Nouveau Testament en latin et en françois, traduit par Le Maistre de Sacy. *Paris*, *Didot jeune*, 1793. 5 vol. in-4, grand pap. vélin, mar. vert, tabis.

> Précieux exemplaire, l'un des douze imprimés sur grand in-4. Avec l'adresse à l'Assemblée nationale. Aux figures avant et avec lettre, et eaux-fortes, sont joints les cent douze Dessins originaux de Moreau le jeune, tous d'un mérite réel.

16. Cent douze figures de Moreau, pour le Nouveau Testament. Grand in-8, carton. Épreuves avant la lettre.

19. Biblia Ectypa, ou Figures de la Bible, dessinées par J. J. de Sandrart, et gravées par Christophe de Weigel. *Augsbourg*, 1695. In-fol. demi-rel. non r.

> Bien complet.

20. Icones biblicæ Veteris et Novi Testamenti a Cath. Sperlingen delineatæ. *Augsbourg*. 2 vol. in-4, obl., demi-rel. non r.

> Rarement complet, le Nouveau Testament étant plus rare que l'Ancien.

23. Figures de la Bible. *Amsterdam, chez B. Picart*, 1720. Grand in-fol. vél.

> Bien complet et de premières épreuves sur grand papier fort, de tirage primitif, antérieur à celui qui accompagne le texte imprimé. Acheté à Amsterdam avec l'OEuvre de Bernard Picart, ce volume est très-probablement l'exemplaire qu'il se sera réservé.

---

(1) Les numéros de ce catalogue sont ceux du catalogue général.

1

24. Cinq gravures anglaises pour la Bible, par Westall et Heath. In-4. — Deux exemplaires.

25. Les mêmes, sur plus grand papier.

26. Autres gravures anglaises pour la Bible. Sept pièces.

27. Illustrations of the book of Job, in twenty-one (21) plates, invented and engraved by William Blake. *London*, 1826. In-fol. cart. Premières épreuves.

Au commencement est ajoutée une rare estampe in-fol. de Corn. Galle, représentant Job. Elle est tout à fait des premières épreuves.

28. ARS MEMORANDI per figuras Evangelistarum. In-fol. mar. fauve, tr. dor. (*Bauzonnet-Trautz.*)

Trente feuillets collés doubles, et n'en formant que quinze. Exemplaire bien complet et très-bien conservé de la première des deux éditions de ce bizarre livre, à juste titre considéré comme le premier dans lequel, long-temps avant l'invention de l'imprimerie, on ait eu l'idée de réunir plusieurs feuillets de gravures en bois, pour en former un volume non manuscrit. Les figures ont été coloriées dans le temps.

29. Eaux-fortes, et quelques gravures terminées, pour l'ouvrage intitulé *Vie de Jésus-Christ.*

Cent huit pièces, y compris plusieurs gravures analogues, ajoutées. Le tout de premières épreuves.

46. Heures à l'usaige de Rome au long sans require. *Paris, Simon Vostre.* In-8, gothique, mar. r. tr. dor. fermoirs en argent.

Imprimé sur VÉLIN. 124 feuillets, avec une très-grande quantité de capitales en or, en rouge et en bleu; 18 grandes gravures, outre les deux du commencement, et 138 en bordures, représentant l'histoire de Joseph, celle de Suzanne, etc , et la Danse des morts. Le calendrier est de l'année 1502.

49. Preces piæ, cum calendario. In-24, mar. bleu.

Manuscrit du XIVe au XVe siècle, sur VÉLIN très-fin, 216 feuillets avec dix miniatures; 15 feuillets sont encadrés d'une bordure de fruits et feuilles.

50. PRECES PIÆ, cum calendario. In-4, relié en chagrin noir, fermoir de vermeil, 105 feuillets, avec étui.

Ce manuscrit sur VÉLIN, bien complet, est des mêmes mains habiles auxquelles est dû le célèbre volume connu sous le nom d'*Heures d'Anne de Bretagne.* D'un format un peu plus petit (258 millim. sur 174), il ne lui est en rien inférieur pour l'élégance et la perfection de toutes et chacune de ses nombreuses peintures, ainsi que pour son écriture et ses riches et innombrables lettres d'ornement ; il a même sur l'autre plus grand et inappréciable volume, l'avantage, d'une bien plus complète conservation. Ses miniatures ou tableaux sont placés au milieu de riches portiques remarquablement variés; dix-neuf feuillets sont entourés d'une large bordure en feuillages, fleurs, fruits, insectes, et la plupart de grandeur naturelle, d'une exécution que depuis, en ce genre, rien n'a surpassé. En face de ces feuillets sont dix-neuf tableaux ou miniatures de même supériorité; douze autres, d'exécution non moins parfaite, ornent le Calendrier. Toutes les autres pages ont pour bordure extérieure un riche pilastre peint et rehaussé d'or, différent pour chacune, et tous d'une composition élégante.

120. ARS MORIENDI. Petit in-fol. fig. mar. fauv. (*Bauzonnet-Trautz.*)

Ce précieux volume est complet, grand de marges, d'une conservation parfaite, et ses vingt-quatre feuillets, tous séparés, ne sont ni coloriés ni collés dos à dos, ainsi que sont beaucoup de ces vieux livres d'images. Il est de même édition que celui de notre Bibliothèque impériale, aussi en vingt-quatre feuillets, décrit par M. Guichard, p. 724-725 *du Bulletin du Bibliophile*, 1845, n° 16-17. Ne l'ayant pas vu, j'ignore lequel des deux exemplaires est d'une plus satisfaisante conservation. A la fin est placé un feuillet, 18e planche de la *Bible des Pauvres,* première édition allemande : c'est le même feuillet que mentionne Heinecken, p. 324.

121. Cor Jesu amanti Sacrum. Petit in-8, vél.

Dix-huit gravures de l'habile Ant. Wierx.

168. Renversement de la morale chrétienne par les désordres du Monachisme. Recueil de 51 figures grotesques, gravées en manière noire, avec le texte imprimé en françois et hollandois. *Hollande, chez les Marchands Imagers, avec privil. d'Innocent XI.* In-4, 2 part. en 1 vol. mar. bl. tabis. tr. dor. (*Thouvenin.*)

SCIENCES ET ARTS.

PHILOSOPHIE ET HISTOIRE NATURELLE.

348. Theophrasti Eresii Characteres ethici, grœce et latine. *Parmæ, in ædibus Palatinis typis Bodonianis,* 1794. In-fol. papier vélin, dos de mar. bleu, non r.

On a ajouté à cet exemplaire les trente gravures caractérisques du Théophraste de Howell.

473. Lettres à Sophie sur la Physique, la Chimie et l'Histoire naturele, par L. Aimé Martin. *Paris*, 1822. 2 vol. in-8, fig. mar. jaune, compart. tr. dor. (*Thouvenin.*)

Avec neuf dessins à la sépia par Desenne et Dunant, dont cinq seulement ont été gravés.

519. Choix des plus belles fleurs prises dans différentes familles du règne végétal, et de quelques branches des plus beaux fruits, par P. J. Redouté. *Paris*, 1827. Grand in-4, carton.

Cent figures coloriées avec perfection.

520. Les Roses, par P. J. Redouté. *Paris, Firmin Didot,* 1817.
3 vol. grand in-fol., pap. vél. dos de cuir de Russie, non r.

Bel exemplaire.

521. Les Liliacées, par P. J. Redouté. *Paris, Didot le jeune,*
1802. 5 vol. grand in-fol. pap. vél. fig. col. dos de mar. r.
non r.

Livre aussi riche que bien exécuté. Les vie, viie et viiie volumes manquent
à cet exemplaire.

523. Plantarum Historia succulentarum. Histoire des Plantes
grasses, par A. P. de Candolle, avec leurs figures en couleurs,
par P. J. Redouté. *Paris, Dugourd et Durand,* an vii (1799).
In-fol. pap. vél. dos de mar. r. non r. (*Livraisons* 1 à 26.)

529. Histoire naturelle des Perroquets, par François Levaillant.
Paris, Levrault, 1801. 2 vol. in-fol. Grand pap. vél. relié à dos
de mar. r. non r.

Dix exemplaires seulement ont été tirés de ce grand format.

530. Histoire naturelle des Oiseaux de Paradis, des Geais et des
Rolliers. *Paris, P. Didot l'aîné,* 1803-6. 3 vol. in-fol. pap. vél.
grand aigle, dos de cuir de Russie, non r.

Le second volume est terminé par les trois premiers cahiers des Prome-
rops, ouvrage qui en a douze. Le troisième contient les figures noires, en
double.

531. Histoire naturelle des Oiseaux de l'Amérique septentrionale,
contenant un grand nombre d'espèces décrites ou figurées pour
la première fois par M. L. P. Vieillot. *Paris, Desray,* 1807.
2 vol. In-fol. très-grand pap. vél. dos de mar. r. non r.

Une note du libraire certifie que vingt exemplaires seulement ont été tirés
sur ce grand papier.

BEAUX-ARTS.

OUVRAGES DIDACTIQUES.

605. Trattato della Pittura di Lionardo da Vinci. In-4,
mar. r. (*Aux armes de Molé.*)

Manuscrit de cent soixante-deux feuillets, dont soixante (de 41 à 100), sont
de la main du beau-frère du Poussin, Gaspar Duguest (dit Guaspre Poussin);
des cent deux autres, soixante-trois sont écrits par N. Poussin, et trente-neuf
contiennent des dessins très-certainement exécutés par lui : ainsi tout, dans
le volume, est de sa main, sauf les soixante feuillets écrits par son beau-
frère. — Ce volume est accompagné de pièces, les unes originales, d'autres
calquées, d'autres imprimées, dont un fragment du Catalogue de 1819, 4 vol.
in-8. Tout cela prouvant avec surabondance que la totalité est très-certainement l'ouvrage de ces deux célèbres peintres.

607. Du Laocoon, ou les limites respectives de la poésie et de la peinture, trad. de l'allemand de G. L. Lessing, par Charles Vanderbourg. *Paris, Renouard,* 1802. In-8, pap. vél. fig. par Saint-Aubin, avec l'eau-forte et le dessin, mar. bleu, moire, tr. dor. riche rel. de Bozérian.

L'un des quatre exemplaires imprimés sur plus grand papier vélin. Le dessin fait par Salvage, sur l'original (alors à Paris), est d'un mérite éminent.

610. L'Enseignement de l'art de mesurer avec le compas, l'équerre ou la règle, extrait de deux volumes publiés en 1525 par par le célèbre Albert Durer. *Imprimé et achevé à Siemeren (Simmern), aux frais de Jerémie Rodler,* 1531. In-fol. mar. ancien, gaufré.

Nombreuses figures en bois coloriées; titre et ouvrage en allemand. A la fin, quarante-deux pages de figures d'architecture, n'appartenant point à ce livre.

A ce volume sont ajoutées sept grandes gravures en bois, de Luc Cranach, Albert Durer, et autres.

DESSINS.

618. Tableau de Werner : Diane et ses Nymphes, se reposant de la chasse. Hauteur, 12 centim.; largeur, 15 centim.

Ce petit tableau, peint sur vélin, est d'une exécution précieuse.

619. Portement de Croix, dessin de Callot, à la plume et au bistre, encadré.

Sa gravure, par La Belle, est dans l'OEuvre de Callot.

620. Un bandit. Dessin à la sanguine, par Callot. Grandeur in-4, sur carton.

621. Recueil de quatre-vingt-cinq Dessins aux crayons noir et blanc, représentant divers sujets de l'Écriture Sainte, et autres sujets pieux. In-fol. v. f.

Ces dessins ont été attribués à Le Brun. Si c'est une erreur, je les crois au moins de Verdier, l'un de ses bons élèves.

622. VOLUME IN-4, rel. en mar. r. contenant :

Soixante-seize petites Études et Compositions pour tableaux d'Église, par Hallé père, sur papier bleu. — Quarante dessins au bistre, représentant des jeux d'enfants, par Jacques Bouzonnet Stella, avec son portrait gravé. — Vingt-quatre dessins à l'encre de la Chine, pour le Missel romain, par Claudine Bouzonnet Stella, avec leurs gravures, par la même. — Dix-sept contre-épreuves de dessins de Cochin, à la sanguine, dont douze pour *Roland Furieux.* — Dessin (tableau d'église) par Van Orley. — Dix études au crayon noir. — Portrait, dessin de Jean Stradan. — Portrait de Parrocel, dessiné par lui-même. — Autre portrait à l'encre de la Chine, rehaussé de couleurs.

623. Le Labyrinthe de Versailles (avec 39 fables en quatrain par Benserade et 40 figures par Seb. Leclerc). In-8, mar. r. tr. dor. (*Aux armes de France.*)

Manuscrit de la main de Rousselet, le plus habile après Jarry. Toutes les initiales sont en lettres d'or ; un large filet d'or entoure chaque page, et les figures sont peintes à la gouache par Bailly.

624. Vingt-deux Dessins, études aux deux crayons, sur papier gris, représentant des religieux, choisis sur un plus grand nombre que conservait le Couvent des Chartreux, comme études de la main de Le Sueur pour ses tableaux de saint Bruno. Grand in-fol. dos de mar. r.

625. La Vie de saint Bruno, ou Collection complète des vingt-deux tableaux peints par Le Sueur pour le cloître des Chartreux, exposée au Musée royal, exécutée en lithographies, avec un frontispice et un cul-de-lampe par Fragonard, et des notices sur Le Sueur et sur saint Bruno, publiée par Prosper Laurent. *Paris*, 1822. 2 vol. gr. in-fol. carton.

> Un des volumes contient l'ouvrage complet, estampes et texte. Dans l'autre sont les vingt-deux dessins faits par divers artistes d'après les tableaux. Ces dessins, faits à la pierre noire, et avec beaucoup de talent, sont dus à Fragonard, Vigneron, Molinchon, Bouillon, Du Chemin, H. Laurent, etc. Ils sont placés entre des feuilles de papier fort et très-soigneusement lissé. Les deux sujets originaux de Fragonard n'y sont pas, ces deux dessins ayant été faits directement sur la pierre destinée à en reproduire les épreuves.

626. La Vie de saint Bruno, fondateur de l'ordre des Chartreux, peinte par Le Sueur, gravée par Villerey. *Paris*, 1808. Grand in-8, fig. avant la lettre, et eaux-fortes, br. en carton.

> On a ajouté les mêmes sujets gravés plus en grand pour le musée Filhol, et Saint Paul brûlant les livres des Gentils, un Dessin de l'une des estampes de Villerey, un second portrait de Le Sueur, et d'après lui une gravure in-8, par Nanteuil.

627. Neuf Études ou Copies d'après Le Brun, dans la Galerie de Versailles.

> Dessins de Cochin, au crayon.

628. Cinquante-huit Dessins d'édifices et monuments, à Naples et ailleurs, études de vaisseaux, etc. Le tout exécuté par Joseph Vernet, tant au lavis qu'au crayon. In-folio atlantico, carton.

> Une main allemande a écrit le mot *Vernett* sur presque toutes les pièces; aussi est-ce de Vienne que m'est venu ce précieux Recueil. — La nature de ces Dessins et leur mérite d'exécution suffiraient pour faire reconnaître que certainement c'est Joseph Vernet qui en est l'auteur. Mais voici qu'indépendamment de toute considération artistique, s'y ajoute une double et surabondante preuve. Quelques mots sont écrits sur plusieurs pièces. Ils avaient été vérifiés et reconnus pour être de la main de J. Vernet, lorsque l'occasion d'acquérir deux de ses lettres, autographes et signées, est venue authentiquer l'écriture des notes explicatives mises par l'illustre artiste sur son ouvrage. L'une de ces lettres est mise à côté du dessin in-8 de Vernet pour Paul et Virginie.

629. Neuf Dessins de portraits par Saint-Aubin et autres, pour les formats in-4 et in-fol. En 1 vol. portefeuille.

> Crébillon, l'abbé Arnauld, le Kain, etc., et Saint-Aubin, par lui-même, à vingt-sept ou vingt-huit ans, dessin remarquable. Une dixième pièce est un paysage à la plume, signé Van Walckenhork, 1595.

630. SOIXANTE-QUATRE DESSINS DIVERS, en 1 volume in-4, cartonné : 5 de Moreau, 2 de Eisen, 14 de Marillier, 3 de Le Prince, Vien, L'Épicié, 9 de Fr. Della Bella, 1 de Bamboche, 1 de Descamps, 3 de Queverdo, 24 autres de divers, plus 4 gravures.

631. QUARANTE-SIX PORTRAITS dessinés. Volume in-18, relié en cuir de Russie, tr. dor.

Petits médaillons presque tous de la grandeur d'une pièce de deux francs, tracés par Saint-Aubin avec une ressemblance et une grâce toutes particulières : ce sont Voltaire, Rousseau, Franklin, Helvétius, Parmentier, etc., et autres personnages non moins recommandables. — On y a ajouté plusieurs portraits gravés, aussi de petite dimension.

632. SOIXANTE-QUINZE DESSINS DE SAINT-AUBIN, en 1 volume in-4, cartonné : 51 portraits d'hommes, dont plusieurs d'après nature. Montaigne, la Fontaine, Bossuet, Molière, le Sage, le curé Languet, J. J. Rousseau, J. B. Rousseau, Pellerin, Piron, Lalande, Amelot, Necker, Saint-Aubin lui-même et autres, et 24 portraits de femmes.

Ces derniers, presque tous, tous peut-être, d'après nature. Plusieurs sont en couleur, au lavis ou au pastel. On y a ajouté trois lettres autographes de Saint-Aubin et son portrait au crayon noir par Cochin fils.
Outre les portraits de Saint-Aubin indiqués ici, et sous les n°s 686 et 687, on trouvera beaucoup d'autres dessins de portraits du même artiste dans divers volumes de cette bibliothèque.

633. Dessins à la pierre d'Italie, avec leurs gravures, en doubles épreuves et eaux-fortes, par Emilio Lapi. En 1 volume in-4, de papier blanc, cartonné : Dante, Petrarca, Laura, Ariosto, T. Tasso. — Plusieurs portraits en petit de poëtes italiens, etc., gravés. — Quatre Dessins à l'encre de la Chine, par Dugourc (1780), Cinq-Mars, comte de Chalais, D'Efflat, Marion Delorme.

634. DESSINS DE MARILLIER pour les Œuvres de le Sage. Grand in-8, dos de mar. r.

Trente-deux pièces et leurs gravures de premières épreuves, de même qu'aux volumes suivants, avec les portraits. À la fin, sont les vingt et une estampes pour les Œuvres de Tressan, dont les Dessins sont placés dans les douze volumes in-8. (N° 2437.)

635. DESSINS DE MARILLIER pour les Œuvres de l'abbé Prévost. Grand in-8, dos de mar. r.

Soixante-dix-sept pièces avec leurs gravures, quelques eaux-fortes, et un double et rare portrait de l'abbé Prévost, par Ficquet.

636. DESSINS DE MARILLIER pour la Collection des Voyages Imaginaires. Grand in-8, dos de mar. r.

Soixante-seize pièces et leurs gravures, plus trois qui n'ont pas été gravés, et les six de l'*Histoire des naufrages*, avec leurs gravures.

637. DESSINS DE MARILLIER pour le Cabinet des Fées, en 41 vol. Deux vol. grand in-8, dos de mar. r. et un in-8 moins grand, cartonné.

Cent huit pièces et leurs gravures, plus un double dessin pour la *Barbe bleue*, qui n'a pas été gravé. Plus douze dessins et leurs gravures, supplé-

ment pour les *Mille et une Nuits*, formant le troisième volume. A la fin du
premier sont ajoutés les quatre sujets de Moreau, pour les *Contes d'Hamilton*, épreuves avant la lettre, et leurs eaux-fortes.

638. HUIT DESSINS DE MOREAU le jeune pour Héloïse et Abeilard,
avec les huit gravures de ces dessins, et les eaux-fortes. —
Quatre gravures, d'après Catel, pour Héloïse et Abeilard,
épreuves avant la lettre, et cinq autres gravures plus petites.
Petit in-fol. rel. à dos de mar. r.

Les huit gravures, médiocrement exécutées, ne peuvent donner une idée
exacte de ces dessins, qui sont un des plus remarquables ouvrages de Moreau.
Les quatre gravures, d'après Catel, sont rares, les cuivres ayant été détruits
par erreur, presque au temps de la publication.

639. Vingt dessins au lavis, en un cahier petit, in-8, cartonné.

1. *Quatorze de Chasselat, pour les ouvrages de Bouilly.*

2. *Six de Le Barbier, pour les* Novelle morali *di Fr. Soave.*

Ceux-ci non gravés, hors un seul dont on n'a fait que l'eau-forte, qui n'a
point été employée.

640. HORACE VERNET. Onze petits et très-gracieux Dessins à la sépia:
Jeux de jeunes femmes.

641. Deux élégants Dessins chinois coloriés, représentant des
vases et objets pour le thé et pour les rafraîchissements. Deux
feuillets in-folio.

Pour d'autres dessins par Boucher, Eisen, Cochin, Marillier, Moreau,
PAUL'HON, H. Vernet etc. Voir notamment dans les diverses parties de ce catalogue les n°s 1128, 1314, 1334, 1370, 1532, 1660, 1700, 2039, 2416,
3613, 3614.

GRAVURES.

RECUEILS D'ESTAMPES D'APRÈS DES TABLEAUX.

654. LES GRANDES BATAILLES D'ALEXANDRE, gravées d'après Le
Brun, par G. Audran et Edelinck, 5 pièces.

Exemplaire bien complet, dont aucune des pièces n'est collée, ni en aucune façon endommagée. La famille de Darius, le chef-d'œuvre d'Edelinck,
y est parfaite, et avec le nom de l'imprimeur Goyton. Toutes les autres pièces
ne lui cèdent en rien pour la qualité des épreuves.

655. Batailles d'Alexandre, d'après Le Brun, gravées par Jean
Audran.

Six pièces, d'épreuves premières, ainsi que les suivantes.

656. Les mêmes, gravées par Sébastien Le Clerc.

Six pièces.

657. La Galerie du palais du Luxembourg, peinte par Rubens,
dessinée par Nattier, et gravée par ses soins. *Paris*, 1710. Grand
in-fol. cart.

Anciennes et premières épreuves.

658. LE MUSÉE FRANÇOIS, ou Recueil des tableaux, statues et bas-
reliefs qui composent la Collection nationale, avec des discours

historiques sur la Peinture, la Sculpture et la Gravure, par
E. Q. Visconti et Emeric David. Publié par Robillard-Péron-
ville et Laurent. *Paris*, 1803-09. 4 tomes en 5 volumes, grand
in-fol. pap. vél. rel. à dos de cuir de Russie, non r.

Exemplaire avant la lettre, dont chaque feuille de texte et de gravure a
été choisie sur plusieurs. Au lieu d'être distribués en tête de chacune des
quatre parties, les Discours historiques sont réunis en un cinquième volume,
ce qui diminue un peu le poids de chacun, et les rend plus maniables. —
La plupart des eaux-fortes de ces quatre volumes sont rassemblées en un
sixième volume, relié à dos de maroquin rouge.

659. Le MUSÉE ROYAL, publié par Henri Laurent, ou Recueil de
gravures d'après les plus beaux tableaux, statues et bas-reliefs
de la Collection royale, avec description et discours sur les Arts.
Paris, *P. Didot l'aîné*, 1816. 2 vol. Grand in-fol. pap. vél. à
dos de cuir de Russie, non r.

Avant la lettre, choisi comme le précédent, et de même avec une partie,
mais relativement moindre, des eaux-fortes. — A la fin de chaque volume
sont des feuilles de texte que l'on se crut obligé de réimprimer, lorsque,
présensant cet ouvrage à la Cour revenue, on chercha à faire disparaître
ce qui rappelait le pouvoir impérial. Ces feuilles n'existent probablement
en double avec les anciennes que dans ce seul exemplaire, de même que
les titres *Musée Napoléon*, conservés aussi en double dans les cinq volumes.
— Quant aux eaux-fortes, nul autre que les éditeurs n'était à même de les
rassembler; encore ne le firent-ils que partiellement, et pour ce seul exemplaire des deux ouvrages. — Dans ces volumes, et notamment dans les deux
derniers (Musée royal), plusieurs des principales pièces sont en double, d'é-
preuves de graveur, toutes avec quelques différences, indices certains de
l'antériorité complète de leur tirage.

660. Le même Musée Royal, ou Musée Laurent. 2 vol. Grand in-fol.
carton.

Gravures, moins quelques-unes, et sans texte. — Quoique mêlées d'é-
preuves avec et sans lettres, toutes sont des premières.

661. Épreuves du Musée Royal non finies, ou finies et d'essai,
ou avant la lettre et complètes d'exécution, et plusieurs eaux-
fortes.

Article divisible.

662. Vignettes et fleurons gravés d'après Moreau. In-fol. cart.

Ce sont les gravures d'ornement du Musée français. Epreuves de *graveur*.
— Vingt pièces, dont plusieurs sont des doubles, ou des eaux-fortes.

663. Cent épreuves dépareillées du Muséum, publié par Filhol.

Quarante épreuves terminées, quatorze statues, dix-neuf portraits, le
tout de premières épreuves; dix-sept eaux-fortes, et dix portraits de Filhol.

664. Concours décennal, ou Collection gravée des ouvrages de
peinture, sculpture, architecture et médailles, mentionnés dans
le rapport de l'Institut. *Paris*, *Filhol et Bourdon*, 1812. Grand
in-4, pap. vél. dos de cuir de Russie.

Cet exemplaire est le seul existant sur papier de Chine, avant toutes lettres. S'il en existe un second, il doit être incomplet de plusieurs pièces.

665. The fine arts of the english School ; illustrated by a series of engravings : with ample biographical, critical, and descriptive essays. Edited by John Britton. *London,* 1812. Grand in-4, fig. cart.

> Vingt-quatre grandes gravures in-4, très-soignées.

666. Quarante-huit pièces de la Galeria di Firenze, gravées au trait, à Florence, en in-8.

667. Vingt et un portraits de la Galerie de Florence de Wicar. — Seize pièces de la même Galerie. — Neuf pièces, répétées de ces seize.

> Le tout d'épreuves des graveurs.

668. Soixante-trois pièces de la galerie impériale du Belvédère, à Vienne.

> Épreuves avant la lettre et choisies, en un portefeuille de mar. r.

669. A Series of 54 plates after the paintings and sculptures of the most eminent masters of the early Florentine School, engraved by the care of William Young Ottley. *London,* 1828. In-fol. Grand pap. Premières épreuves. (*Proofs.*)

GRAVURES ET ESTAMPES DIVERSES, TANT EN RECUEILS
QUE PRISES ISOLÉMENT.

670. OEUVRE DE CALLOT. Sept cent trente-sept Estampes, en un volume de fort papier blanc, grandeur d'atlas.

> Ce recueil, composé en général de pièces bien conservées et d'anciennes épreuves, forme la plus grande partie de l'OEuvre de Callot. En voici la description.

(1) Six Portraits de Jacques Callot, dont celui de L. Vorsterman, d'après Van Dyck.

(2) Le Portrait de François de Médicis.

(3) Le Portrait de Claude Dernet.

(4) Le Portrait de Louis XIII, gravé par Michel Lasne, en 1634. (Les fonds, représentant le combat de Veillane, sont de Callot.)

(5) Le Siége de Bréda, en six planches. Deuxième état, avec l'adresse de Silvestre.

(6) Le Siége de l'Ile-de-Ré, en six planches.

(7) Le Siége de La Rochelle, en six planches et quatre cartouches.

(8) Le Combat de Veillane.

(9) Le Triomphe de la Vierge. Deuxième état.

(10) La Carrière de Nancy, avec l'adresse d'Israël Silvestre.

(11) La Chasse aux Cerfs. Deux épreuves avant et avec l'adresse d'Israël Silvestre.

(12) Le Parterre de Nancy. Premier état.

(13) Un Paysage dans la manière de Callot.

(14) Saint Sébastien. Deux épreuves, premier état, avant le nom de Silvestre.

(15) Le Louvre. Deux épreuves.

(16) La Tour de Nesle. Deux épreuves et une copie.

(17) Le Massacre des Innocents (1re planche). Deux épreuves du premier et du deuxième état.

(18) *Idem* (2e planche). Deux épreuves du deuxième état.

(19) Le Portement de Croix, dans le goût de Callot.

(20) Deux imitations de Callot, représentant la Tentation de saint Antoine.

(21) Trois copies du Pont-Neuf.

(22) Les Supplices. Deux épreuves retouchées.

(23) Jésus Christ au milieu des Mesureurs de grains.

(24) Le Passage de la mer Rouge. Trois épreuves, deux du premier état et une du quatrième.

(25) Les Martyrs du Japon. Trois épreuves, deux du premier état et une du deuxième.

(26) Saint Nicolas prêchant. Premier état.

(27) L'Arbre de Saint François.

(28) La Petite Foire. Une épreuve avec l'adresse d'Israël Silvestre et une copie.

(29) La Petite Treille.

(30) Le Brelan. Deux épreuves et une copie.

(31) Le Catafalque de l'empereur Mathias, érigé en 1619.

(32) Sainte Famille, d'après André del Sarte. Premier état.

(33) La Possédée. Troisième état.

(34) Les Bohémiens. Quatre pièces. Deux suites, dont une suite complète du premier état, autre suite avec deux copies.

(35) Quatre Paysages, gravés par La Belle.

(36) Quatre Paysages, gravés par Callot. Deuxième état.

(37) Deux Paysages, par ou d'après Callot, dont la copie du Miracle d'Elie.

(38) La Pandore. Copie par Cochin.

(39) La Grande Passion. Suite de sept pièces, premier état.

(40) Le Nouveau Testament. Suite de dix pièces, deux exemplaires, en premier et deuxième état.

(41) La Vie de la Vierge. Suite de quatorze pièces, y compris le titre.

(42) La Vie de l'Enfant prodigue. Suite de onze pièces, deuxième état, avant les numéros.

(43) *Luce Claustri.* Suite de vingt-sept pièces coupées du livre publié par Langlois, en 1646. Les vers français manquent.

(44) Le Petit Porte-Dieu. Avant le trou de la planche, et sa copie.

(45) Le Sauveur, la Sainte-Vierge, les Douze Apôtres et saint Paul, l'Apôtre des nations, en pied. Suite de seize estampes, y compris le titre. Deuxième état, avec les numéros, quelques pièces doubles du premier état.

(52) Les Gueux. Soixante pièces, originaux, copies et imitations.

(53) Les Trois Pantalons. Trois pièces, belles épreuves.

(54) La Noblesse. Suite de douze pièces. Premier état, avant le nom de Silvestre sur la première pièce.

(55) Onze Pièces, représentant divers habillements de femme, gravées par Israël Henriet, d'après Callot. On lit au bas de la première : *Damoiselle Catherine Puttinger, épouse de Jacques Callot et sa fille.*

(56) Les Quatre Bouquets. Premier et deuxième état.

(57) La Petite Passion. Suite de douze pièces.

(58) La Petite Copie du Portement de Croix, gravée sur argent.

(58 *bis*) Mystère de la Passion de Notre-Seigneur et Vie de la Vierge. Vingt compositions en rond et en ovale. Deuxième état.

(59) Titre du Règlement des Pénitents blancs de Nancy.

(60) Suite de huit Estampes des différents sujets sur la Vie de la Vierge et la Passion. Plusieurs sont avant la lettre.

(61) Les Petits Apôtres. Suite de seize pièces.

(62) Les Cinq Pénitents. Suite de cinq pièces, avec un titre gravé par Ab. Bosse.

(63) Le Martyre de saint Laurent. Deuxième état, belle épreuve.

(64) Saint François dans un Lys.

(65) Saint Pierre debout. Troisième état.

(66) Saint François tenant un livre. Deuxième état, avec le nom de Callot.

(67) Les Sept Péchés capitaux. Deux suites, premier et deuxième état.

(68) Les Gobbi. Quarante-six pièces, originaux et copies.

(69) Les Balli. Vingt-quatre pièces, premier état, plus sept copies.

(70) Les Caprices de Nancy. Quarante-huit pièces.

(71) Les deux femmes debout, et la Devideuse et la Fileuse. Premier état.

(72) *Varie figure.* Dix-sept pièces, originaux et copies.

(73) Les Deux Petits Pantalons.

(74) Les Petites misères de la Guerre, avec le titre gravé par Bosse. Sept pièces.

(75) Les Grandes Misères de la Guerre. Treize pièces, deuxième état.

(76) Exercices militaires. Douze pièces du deuxième état. — Les Petites Batailles. Premier et deuxième état.

(77) Le Bataillon.

(78) Les Fantaisies. Copie par Salomon Savry. Treize pièces, plus dix pièces des originaux.

(79) Le Combat à la Barrière. Dix pièces.

(80) Les Vues de Florence, gravées par Collignon, d'après Callot. Douze pièces.

(81) Le Combat des Quatre Galères. Quatre pièces.

(82) Les Pièces de monnaie. Dix pièces.

(83) Le Livre des Paysages. Vingt et une pièces.

671. Gravures de Callot pour l'Enfant Prodigue. In-12, avant les numéros. Dix pièces et un titre : deux sont doubles.

672. L'Enfant Prodigue, eaux-fortes de Duplessis-Berthault. Onze

pièces et le titre (avant la lettre). — Exercices militaires, treize
pièces et le titre, de Callot. — Sept autres plus grandes, aussi
de Callot.

673. Les Misères et les Malheurs de la Guerre, gr. par J. Callot.
Paris, 1633. — Les Grandes Misères, dix-huit pièces. — Les
Petites Misères, 1636. Six pièces, le titre, et deux plus petites.—
Vita et Historia B. Mariæ Virginis, quatorze pièces.

Le tout en anciennes épreuves.

674. LE BOURGMESTRE SIX, par Rembrandt. Pièce in-fol.

Copie faite par Basan, et si fidèle qu'on l'a souvent prise pour l'original.

675. SEBASTIEN LE CLERC : deux cent onze pièces diverses, toutes
de premières épreuves, et les portraits en grand des deux Sébastien Le Clerc.

A peine fixées sur des cahiers grand in-4 de fort papier blanc.

676. GRAVURES DE BERNARD PICART. 2 vol. grand in-fol. à dos de
mar. rouge.

Cinq cent quarante-quatre pièces, grandes, moyennes et petites, légèrement fixées sur fort papier blanc. Toutes sont d'épreuves de graveur, faites
avant le tirage, et il paraît certain qu'elles viennent de l'OEuvre personnel de
Bernard Picart. Par moi achetées à Amsterdam, il y a un demi-siècle, elles
formaient encore cet ample Recueil où sont plusieurs pièces doubles, sur
papier de fantaisie, soit lissé, soit coloré, qui ne peuvent avoir été tirées que
pour celui qui d'abord eut toutes ces diverses planches à sa disposition. A la
fin du second volume, quatorze pièces in-fol et in-4, paysages hollandais et
anglais, et deux anciens dessins à la plume.

677. En 1 volume in-fol. de papier bleu, cartonné. Cent seize
gravures de B. Picart en premières épreuves. — Dix-huit Portraits historiques divers. In-4 et in-fol. — Vingt-quatre têtes
de Philosophes grecs, prises dans un Diogenes Laertius de
1692. In-4. — Les Gravures de Phèdre de Hoogstratanus, 1701.
In-4.

PORTRAITS.

678. Cinquante Portraits in-fol. gravés par Van Gunst, pour l'Histoire d'Angleterre de Larrey, 1706-1713.

Épreuves de graveur.

679. PORTRAITS DE FICQUET. En 1 vol. in-4, à dos de mar r.

La plupart du premier tirage, c'est-à-dire avant les noms des artistes, ou
avant celui du personnage, et tous, sans exception, d'épreuves parfaites.

1 *Madame de Maintenon.* Rare épreuve, sur papier double.

1 *Toute semblable.*

1 *Ariosto.* Première planche, avant la petite bordure et le tirage pour l'édition.

1 *Ariosto.* Seconde et plus petite planche, épreuve non finie, avec armoiries qui
ont été effacées.

1 *Idem.* Avant la lettre, sur papier de Chine.

2 *Idem.* Avant la lettre.

2 *Idem.* Avec lettre.

3 *Boileau.* Planche très-rare. A deux des épreuves, la plume que tient Boileau n'est pas terminée.

2 *Bossuet.* Non terminé. Six ou huit épreuves ont été tirées, et le cuivre a été troué et détruit; je l'ai vu, et j'ai eu toutes les épreuves. Une des deux est avant la lettre et est moins avancée que l'autre.

1 *Chenevière.* Premier état, avec le mot *cincere* (pour sincère).

1 *Cicéron.* Petit Portrait.

1 *P. Corneille.*

1 *Idem.* Épreuve d'eau-forte.

2 *Crébillon.*

1 *Descartes.*

2 *Idem.* Une épreuve avant les noms.

1 *Eisen.* Dessinateur.

2 *Fénelon.* Avant les noms.

1 *Henri de Lorraine, comte d'Harcourt.*

1 *La Fontaine.* Première planche.

1 *Idem.* Avant la bordure.

1 *Idem.* Deuxième planche, avant les noms.

1 *Idem.* Avec noms, mais non moins parfaite.

1 *La Mothe-Le-Vayer.*

1 *Idem.* Avant les noms.

1 *Idem.* La tête seule, avant les bordures.

1 *Louis XV.* Petit Portrait très-rare.

2 *Molière.* Avant les noms, dont une n'est pas entièrement terminée.

1 *Montaigne.*

1 *Idem.* Avant les noms et non terminée.

1 *Reguard.*

1 *Idem.* Avant les noms.

1 *Idem.* Non terminé.

1 *J. B. Rousseau.* Avant les noms.

2 *J. J. Rousseau.* Avant les noms.

1 *Swift.* Très-rare, ainsi que le suivant.

1 *Steele.* Petit médaillon pour un titre du *Spectateur.*

1 *Vadé.*

1 *Voltaire.*

1 *Idem.* Avant la lettre.

Quinze Portraits pour la Vie des Peintres, dont *Vander Meulen, Rombouts, Ant. Van Dyck, Rubens, Houbraken,* et autres. D'épreuves d'artiste, antérieures au tirage, ainsi que les suivants :

Vingt-six pièces, dont plusieurs font partie de la Collection d'Odieuvre :

C. Berghem, Bernard, duc de Saxe-Weimar, Nic. Bernier, J. Bernouilli, Th. de Beze, deux épreuves; *Marie Bonneau, Broussel, de Chabannes, Damonville,* deux épreuves; *Fagon, Lanfranc, Le Courayer, Muret, d'Ossat,* l'abbé *Prévost;* l'abbé *Pucelle, Puffendorf, Rigaud, Saugrain,* trois épreuves; *Silva, Vavasseur.*

680. Les quatre Evêques jansénistes: **J.** Soanen, etc. Gravure in-fol. par Ficquet.

> Rare.

681. Dix-sept Portraits gravés par Savart, émule de Ficquet, tous de premières épreuves. 1 vol. in-4, cartonné.

> 1 *La Fontaine,* 1769. — 2 *Boileau,* 1769. — 1 *Fénelon,* 1771. — **2** *Colbert,* 1773. — 2 *P. Bayle,* 1774. — 2 *Richelieu,* 1774. — 2 *Le Grand Condé,* 1775. — 1 *Catinat,* 1775. — 1 *Rabelais,* 1776. — 2 *Deshoulières,* 1778. — 1 *La Bruyère,* 1778.

682. Quinze Portraits gravés par Grateloup.

> Tous sont très-rares, et surtout le portrait en pied de Bossuet.

> 3 *Bossuet* en pied, dont une épreuve sur papier de Chine. — *Ibid.,* à mi-corps. — 1 *Descartes.* — 1 *Fénelon.* — 2 *J. B. Rousseau.* — 1 *Dryden.* — 1 *Montesquieu.* — 3 Cardinal de *Polignac,* deux sont avant la dédicace. — 1 *Cornélie.*
> Ce numéro pourra être divisé.

683. Recueil de très-petits portraits des Bourbons, de N. Bonaparte, etc. In-8, cart.

> Environ cinquante Portraits finement gravés. Un Louis XVIII, médaillon au crayon.

684. Soixante-deux Portraits et Estampes représentant des rois et autres personnages illustres. In-4, rel. à dos de mar. r.

> Ce volume contient beaucoup de pièces précieuses et par leur sujet et par leur exécution, et aussi par diverses causes qui les ont rendues extrêmement rares. On y trouve, entre autres, les portraits de toute la famille de Louis XVI, par Saint-Aubin, épreuves avant la lettre. La petite gravure, pour bague, de Louis XVI, Marie-Antoinette et leur fils; épreuve carrée. Les Adieux de Louis XVI, médaillon gravé par Gaucher; Pie VI, Pie VII, Desaix, Kléber, etc. De l'écriture de Louis XVI, de Bonaparte, une lettre de Bernadotte, etc., plusieurs dessins d'après nature, un vrai billet (vert) de 200 fr. de la Caisse d'escompte, et plusieurs assignats.

685. Quarante-six pièces, toutes de premières épreuves, la plupart avant la lettre, ou adresses, ou numéros, etc. 1 vol. in-4, à dos de mar. vert.

> Vingt-deux des principaux députés de l'Assemblée constituante, dessinés par Guérin. Ces vingt-deux portraits et les suivants sont presque tous reconnus comme très-fidèles et faisant autorité pour la ressemblance, et notamment Desaix et Kléber. — Bonaparte, Desaix, Kléber, par Guérin. Triple épreuve de chaque, sur satin, pap. de Chine, etc. — Huit autres généraux, par Guérin. — Général Foy, Cb. Villette. — Bergasse, et autres. — Lettres aut. S. de Mirabeau, La Fayette, les deux Lameth, Rœderer et Barère.

686. Recueil de portraits, par Saint-Aubin et autres. Grand in-8, mar. bl.

Douze des meilleurs portraits de Ficquet, en épreuves avant les noms ou autres écritures que porte le tirage général. Cinq des rares portraits de Grateloup. Deux dessins de Saint-Aubin, l'abbé Barthélemy et le commandeur Dolomieu. Le surplus est surtout de Saint-Aubin, et presque en totalité avant la lettre. En tout cent six pièces.

687. Quinze Dessins de Portraits, spirituelles Esquisses d'après nature, par Saint-Aubin, dont Maurepas et d'Alembert. In-8, mar. bl.

Ce volume contient en outre la collection sur chine ou avant la lettre, des portraits gravés pour les éditions de M. A.-A. Renouard, par Saint-Aubin. En tout cent dix-huit pièces.

688. La belle Féronnière, et la Joconde, par Léonard de Vinci, gr. par Allais. Deux pièces in-fol.

689. Dante, Petrarca, gr. par Raf. Morghen.

Deux pièces grand in-fol. avant la lettre.

690. Gaspar Netscher, peint par lui-même, gr. par Klauber.

Pièce in-fol. avant la lettre.

691. Quatre Portraits in-fol. : la duchesse de Guise, gr. par Masson. — Henri, duc de Longueville, et deux Ecclésiastiques, par Nanteuil.

692. Deux pièces in-fol. : Madame de Montespan, gr. par Et. Picart. — Madame de Maintenon, gr. par Giffort.

693. Quatre portraits : Colbert, gr. par Nanteuil. In-fol. — Le duc de Bourgogne, Fénelon (titre du Télémaque de Tilliard).

694. Bossuet en pied, grand portrait : chef-d'œuvre de Drevet.

Très-belle épreuve.

695. Trois pièces in-fol. par Drevet : le cardinal Dubois, le cardinal de Fleury, de Tressan, évêque.

696. Louis XIV et Louis XV, par Drevet.

Deux pièces, très-grand in-fol.

697. Grande pièce in-fol. : la reine de France Marie-Antoinette, gr. par Miger, d'après J. Boze. — Anne d'Autriche. In-fol. en travers.

698. Louis XVIII, gr. par Richomme, d'après Gounod. 3 épreuves. — Le duc de Berry, dessiné et gravé par Gounod. In-fol.

699. Vingt portraits : madame de Caylus, Furetière, Mengs, Hughens, de Geer, sur satin ; Sneyders, Crébillon, par Balechou ; Pierre Ier, Lavoisier, et onze autres.

700. Vingt portraits : trois par Nanteuil, Loret, et deux sans nom, 1658 ; Coligny, le docteur Buridan, F. Pithou, Berwick, et quinze autres.

701. Vingt portraits grand in-fol. et in-4, Frédéric II, par Wille, Huyghens, le cardinal Ximenès, par Edelinck ; Beringhen, d'Anville, Paolo Sarpi, Alfieri, Peiresc, le cardinal d'Ossat, et onze autres.

702. Trois cent soixante Portraits divers, tant anciens que plus ou moins récents. Destinés à être vendus par cahiers ou divisions de trente-six, ou plus nombreux.

703. Soixante-dix portraits de moyenne et petite dimension.

704. Renaud et Armide. Deux pièces grand in-fol., gr. par P. de Jode et P. de Bailliu, d'après Antoine Van Dyck.

Vendues 110 francs chez Mariette, page 274, n. 397.

705. Chute du Rhin, près de Schaffhouse, grande pièce in-fol. coloriée. — La même, réduite. Petit in-fol. color. — Chute du Rhin, près d'Airolo. Dessin par Le Barbier.

SUITES DE VIGNETTES POUR L'ORNEMENT DES LIVRES.

706. Soixante-cinq vignettes de Schoonebeck, collées sur trente-trois feuillets de papier blanc in-8.

Ces figures sont extraites du Boccace d'Amsterdam, 1697, il en faudrait 100.

707. Cinq pièces gr. in-4 : les cinq gravures in-8, d'après Moreau et Prud'hon, gr. par Roger, pour l'Imitation de Jésus-Christ mise en vers par Corneille.

Épreuves avant la lettre, chacune ayant son eau-forte que d'avance on avait tirée sur le même feuillet. — Sur un sixième feuillet in-fol., grande eau-forte d'un Crucifix.

708. Les mêmes cinq pièces. In-8, avant la lettre, avec les eaux-fortes des quatre de Moreau et une double du Christ de Prud'hon.

709. Recueil d'Estampes pour divers ouvrages de littérature, la plupart d'après les dessins de Moreau. Grand in-8, mar. bl.

Cent soixante-treize pièces : vingt-trois portraits, dont le très-rare Boileau de Ficquet, et cent cinquante estampes pour Corneille, Racine, Molière, Boileau, Télémaque, Gresset, Crébillon, Hamilton, les fabliaux de Legrand, et autres, avant la lettre, etc., sept des meilleurs du Metastasio, etc.

710. Autre Recueil. Petit in-8, mar. bleu.

Cent trente-huit pièces pour Gessner, Demoustier, Legouvé, Télémaque et autres de Moreau, Prud'hon, Lefebvre, etc.

711. Figures de Marillier pour les OEuvres de l'abbé Prévost ; soixante-dix-sept pièces. Grand in-8, carton.

712. Figures de Marillier pour les Voyages Imaginaires ; soixante-seize pièces. Grand in-8, carton.

713. Figures de Le Barbier pour la Mort d'Abel et Daphnis ; de Co-

2

chin pour le Lutrin ; de Monnet pour Gresset ; et plusieurs autres pièces. In-4, cart.

714. Figures de Moreau pour Gessner, et pour les Lettres sur la Mythologie ; quatre-vingt-huit pièces. Grand in-8, cart.

> Des premières épreuves, ainsi que, sans exception, toutes les pièces de gravure, en recueils spéciaux, ou introduites dans les livres de cette Bibliothèque.

715. Figures de Moreau, pour les Fables de La Fontaine, Gresset in-8 et in-18, Halmilton, Legouvé ; pour Télémaque, par Lefebvre ; Destouches, par Lafitte, et Aminta, Daphnis, Abrocome, par Prud'hon, et une vingtaine d'autres sujets. 1 vol. grand in-8, carton. ; cent dix pièces.

716. Figures de Moreau pour Corneille, Racine, Crébillon ; cinquante pièces, grand in-8, carton.

717. Figures de Moreau pour Molière, et les Fabliaux ; cinquante-trois pièces. Grand in-8, carton.

718. Figures de Boileau, de Télémaque, par Moreau ; de Lucain, par Perrin ; quarante-quatre pièces. Grand in-8, carton.

719. Figures de Moreau pour les OEuvres de La Fontaine, avant la lettre ; vingt-sept pièces. — Les Fabliaux, avant la lettre et les eaux-fortes ; trente-six pièces et la musique. — Figures pour le poëme de Girodet, premières épreuves ; six pièces. — Werther, etc. ; six pièces. Volume grand in-8, cart.

> Tout le volume est sur papier de Chine, moins les six dernières, Werther, etc.

720. Dix-huit gravures de Moreau et Desenne, pour les Fabliaux. — Trente-six gravures de Moreau, et portrait, pour les Lettres sur la Mythologie. — Quatre-vingts gravures de Desenne, etc., pour Florian ; le tout avant la lettre. 1 vol. in-4 carton.

721. Figures pour la Henriade, lithographiées. Pour Werther, pour Metastasio, le poëme de Girodet, Laocoon, etc. In-4, carton.

722. Gravures, par Coiny, pour les Métamorphoses d'Ovide : vingt-cinq pièces. In-12. — Pour Télémaque, par Quéverdo : vingt-cinq pièces. In-12. — Pour Télémaque, par Lefebvre : vingt-quatre eaux-fortes. In-12. — Pour le Vicaire de Wakefield : six pièces. In-12 ; deux exemplaires. — Tableaux de l'Univers, par Sergent ; sept gravures en couleurs.

723. Figures in-12 et in-18, pour Berquin, Gulliver, Jehan de Saintré, et autres ; deux cent trente-six pièces. 3 vol. in-12, carton.

724. Un second exemplaire, non cousu.

725. Les mêmes figures pour Berquin, pour les Lettres sur la Mythologie, avant la lettre, et quelques autres ; le tout sur papier rose. 1 vol. in-8, dos de cuir de Russie.

726. Figures de Desenne et Moreau, pour Florian. In-8, carton., quatre-vingt-six pièces, dont quelques-unes doubles pour des différences.

727. Gravures d'après Desenne, pour les Hermites de Jouy. In-4, carton.

Quarante-huit pièces. Ces gravures, assez curieuses, ayant été tout à fait usées dès leur publication, n'ont pas du tout circulé séparément, de sorte que pas un autre exemplaire complet n'a peut-être été formé.

728. Six gravures in-4, d'après Prud'hon, Girodet, etc., pour Paul et Virginie. Épreuves avant la lettre.

Pour les dessins de cette suite, voir le n° 2039.

729. Les mêmes gravures, imprimées en couleurs.

730. Gravures pour l'édition in-4 des Lusiades du Camoens publiée en 1817, par le marquis de Souza. In-fol. en un portefeuille à dos de mar. r.

Onze gravures avant la lettre, sur papier de Chine, avec les eaux-fortes, le portrait, et le même, dégagé de son entourage, pour l'édition in-8.

731. Une gravure in-4, par Roger, pour l'in-4 de Humboldt, avant la lettre, et eau-forte. — Plus une autre en travers, par Roger : un riche Musulman dans un bateau plein de rameurs.

732. Gravures pour Faublas. Huit pièces grand in-8, avant la lettre, et leurs huit eaux-fortes.

733. Dix estampes in-fol. gravées à Vienne, pour le Lucain in-fol. du chevalier d'Elci (1811).

734. Un second exemplaire.

L'un et l'autre des premières épreuves.

735. Dix-neuf gravures anglaises pour les OEuvres de Pope, épreuves avant la lettre. In-8, tiré sur papier in-4.

736. Autre exemplaire semblable, mais en 1 volume in-4, cartonné.

737. Figures pour Homère, par Smirke, et autres : épreuves sans lettre. In-4, carton. 51 pièces.

738. Autre exemplaire non consu.

Elles ont été gravées pour l'Homère de Pope.

739. Figures pour Shakespeare, par Smirke; pièces en travers, sur papier de Chine. In-4, carton.

Cinquante et une pièces, fort rares. Premières épreuves, faites avant l'emploi de ces cuivres sur les pages du texte.

740. Gravures dépareillées de Moreau : vingt-trois pour Voltaire. — Corneille, sept. — Racine, cinq. — Crébillon, une. — Molière, sept. — La Fontaine, vingt-huit. — Télémaque, quatorze. Ensemble, quatre-vingt-cinq pièces avant la lettre.

2.

741. Soixante-deux pièces : pour Hamilton, treize. — Gresset, dix-sept. — Fabliaux, trente-deux.

742. Soixante-dix-neuf pièces : pour Gessner, vingt-deux. — Lettres sur la Mythologie, vingt-neuf. — Legouvé, douze. — — Diverses, seize.

743. Vignettes diverses, soixante-six.

744. Vingt pièces in-8, la plupart avant la lettre : Vie du Poussin, seize. — Le Turbot présenté à Néron, avec l'eau-forte, deux. — Le Polyphème de Cipriani et Bartolozzi, pour la Galatea de Métastase, pièce remarquable, deux.

745. Trent-huit pièces in-8; Nouvelles de Cervantes, onze. — Contes moraux de Marmontel, vingt-sept.

746. Six gravures allemandes in-8, pour Don Carlos de Schiller.

> Deux exemplaires.

— Trois d'après Moreau, pour Werther.

> Deux exemplaires.

747. Dix-huit eaux-fortes du Rousseau in-4 de Defer de Maison-Neuve, du Gessner. In-4, etc.

> On trouvera beaucoup d'autres suites de vignettes dans les diverses parties de ce catalogue, soit qu'elles aient été réunies aux ouvrages pour lesquels elles ont été faites, soit qu'elles arrivent à la suite de ces ouvrages.

Caricature et costumes.

748. Recueil de Caricatures anglaises de la fin du xviiiᵉ siècle et du commencement du xixᵉ. 3 vol. in-fol. carton. dont 1 oblong.

> Le plus grand volume contient 23 pièces, le second 16, et le volume oblong 31.

749. Nouvelle Collection de Costumes suisses, d'après les dessins de M. F. N. Kœnig, avec l'explication en allemand et en françois. *Zurich, chez Fuesli et Comp.*, 1803. In-12, pap. vél. fig. en couleurs, cart.

> Curieux volume, à la fin duquel sont ajoutées treize gravures de costumes hollandais, par B. Picart : épreuves provenant du dépècement de son OEuvre personnel.

750. Costume of England from the ninth to the sixteenth century, by Hamilton Smith. *London*, 1811. Grand in-4, 60 fig. color. dos de mar. r. non r.

751. Costume of Great Britain, with 50 col. plates. *London*, 1814. Grand in-4, carton.

752. Costume of Turkey, with 60 col. plates. *London*, 1802. Grand in-4, carton.

753. Costume of Russia, with 73 col. plates. *London,* 1803.
Grand in-4, carton.

754. Will. Alexander, Costume of China, with 50 coloured
plates. *London,* 1814. Grand in-4, carton.

---

755. Punishments of China, with 22 coloured plates. *London,*
1805. Grand-in-4, dos de mar. r. non r.

767. Recueil de combats et d'expéditions maritimes, gr. par De-
quevauvillers, d'après les dessins de Ozanne. *Paris,* 1797, gr.
in-fol. fig. cart.

774. Les Jeux de l'Enfance invantez par Jacques Stella, et gravez
par Claudine Bouzonnet Stella. *Paris,* 1657. In-8, mar. vert,
tr. dor.

Cinquante pièces. Volume rare, et des premières épreuves.

775. Jeux historiques des Rois de France, Reines renommées,
Géographie et Métamorphose, par J. Desmarets, et gravez par
Do La Bella. *Paris,* 1698. In-8, veau fauve ancien.

Édition originale bien supérieure à ses réimpressions.

BELLES-LETTRES.

POÈTES GRECS ET LATINS.

962. Homeri Opera omnia : gr. lat. ex recensione et cum notis
Samuelis Clarkii, accessit varietas lectionum Ms. Lips. et edd.
veterum, cura Jo. Augusti Ernesti : qui et suas notas adspersit.
Glasguæ : Andreas Duncan, Academiæ Typographus, 1814,
5 vol. in-8, grand papier, dos de cuir de Russie, non r.

Avec un grand nombre de gravures ajoutées, telles que les figures au
trait de Flaxman ; celles de l'Homère de Rochefort, de l'Homère de Pope,
les 3 gravures de l'*Iliade* de Lebrun, etc.

972. The Iliad and the Odyssey of Homer, engraved from the
compositions of Flaxman. *London,* 1805. 2 vol. in-fol. obl. br.
en carton.

Trente-neuf pièces pour l'*Iliade,* et trente-quatre pour l'*Odyssée.*

973. Trente vignettes et fleurons de l'Homère de Heyne, sur pap.
blanc. In-8.

Premières épreuves.

974. Vingt-cinq figures de B. Picart et autres, pour Homère.
In-12.

Premières épreuves.

975. Cinquante figures pour Homère (édition du Pope de Du Roveray).

Pièces avant l'adresse.

976. Vingt-cinq figures in-8 de Schoonebeek, pour l'Odyssée.

1000. Figures pour Anacréon et Sapho, trad. par Moutonnèt de Clairfons.

Épreuves premières sur papier blanc. Complet avec plusieurs pièces doubles.

1051. Gravures pour le théâtre des Grecs, édition de Cussac. In-4.

Premières épreuves, vingt-trois pièces. — Douze pièces doubles. In-8.

1058. Lucretius, cum notis Sig. Havercampi et variorum. *Lugd. Bat., Janss. Van der Aa,* 1725. 2 vol. in-4, fig. dos de mar. r. non r.

Aux sept gravures de l'exemplaire sont jointes quatre doubles épreuves avant les numéros, et cette même suite, regravée en petit pour le Lucrèce de Coustellier; une suite in-8 dans le genre de Schoonebeek, pour une traduction hollandaise; les figures du Lucrèce italien de Marchetti, celles du Lucrèce de La Grange, in-8, et les nouvelles pour l'édition in-4, plusieurs autres gravures; le tout en épreuves tout à fait premières. Beaucoup de ces gravures ne sont point fixées dans l'exemplaire qui leur sert, pour ainsi dire, de portefeuille.

1059. LUCRETIUS, cum notis Gilb. Wakefield, et variorum. *Londini, typis Hamilton,* 1796. 3 vol. in-4, Charta magna, mar. vert. compart. tr. dor. (*Rel. angl.*)

Cet exemplaire est enrichi de sept grands DESSINS par PERRIN. Ces dessins destinés à une édition projetée par M. Renouard, n'ont point été gravés.

1076. P. Virgilii Maronis Opera, cum notis Pet. Burmanni et variorum. *Amstelaedami, sumptibus Jacobi Wetstenii,* 1746. 4 vol. in-4. Grand pap. fig. v. jaspé.

A cet exemplaire sont joints dix-huit DESSINS ORIGINAUX, dont quinze des quinze gravures de cette édition, et trois de celles du Virgile de Maasvicius, plus trois gravures hollandaises.

1081. P. VIRGILII MARONIS OPERA. *Parmae, in aedibus Palatinis, typis Bodonianis,* 1793. 2 vol. in-fol. rel. en carton, non r.

L'un des trois exemplaires imprimés sur VÉLIN. On y a mis toutes les gravures du Virgile de Didot, et celles du Virgile de Delille : le tout avant la lettre. A la page 125 du tome deuxième, un élégant DESSIN d'Emilio Lapi, représentant la mort du jeune Pallas.

1084. P. VIRGILIUS MARO varietate lectionis et perpetva adnotatione illvstratvs a Chr. Gottl. Heyne. Accedvnt indices. Editio novis cvris emendata et avcta. *Lipsiae, Casp. Fritsch,* 1800. 6 vol. in-8, pap. vél. 204 fig. dans le texte, dem.-rel. mar. r. non r.

Cet exemplaire est orné des figures de Cochin, de celles du *Virgile* de Plassan, du *Virgile* de Dulau; des figures des *Géorgiques* de Delille, par Eisen, épreuves de graveur; de l'*Énéide* de Delille, de quantité d'autres gravures prises dans les *Métamorphoses*, *Télémaque*, les *Lettres sur la Mytho-*

logie, l'*Homère* de Le Brun, celui de Wolf, etc. ; le tout formant 125 gravures premières épreuves, avec beaucoup de doubles en épreuves d'eaux-fortes. Cette réunion est telle, qu'il serait actuellement impossible d'en former une autre semblable.

1105 Q. Horatii Opera. *Parmae , in aedibus Palatinis ,* CIƆIƆCCLXXXXI, *Typis Bodonianis.* In-fol. pap. vél. d'Annonay, dos de mar. r. non r.

On a ajouté un élégant DESSIN à la gouache, par Emilio Lapi, représentant l'enlèvement et embarquement d'Hélène, plusieurs têtes d'Horace, les douze vignettes de l'*Horace* in-fol. de Didot, épreuves avant la lettre, antérieures au tirage pour l'édition , et plusieurs autres gravures.

1128. DESSINS PAR FR. BOUCHER, Eisen, Monnet, Moreau le jeune, etc., pour les Métamorphoses d'Ovide. 136 pièces. 2 vol. in-fol. à dos de mar. r.

Ces dessins, tous fort bien conservés, sont légèrement fixés sur des feuillets de papier blanc et reliés avec les gravures de premières épreuves. On a, de plus, ajouté les vignettes, fleurons, et culs-de-lampe, gravés par Choffard pour le même ouvrage, épreuves de graveur tirées sur papier blanc. Les dessins de ces culs-de-lampe n'étaient que des croquis et n'ont pas été conservés. A la fin d'un des volumes sont les trente-six gravures , d'après Moreau , pour les *Lettres sur la Mythologie* , épreuves avant la lettre.

Deux dessins, *Philémon et Baucis* par Goix (n° 88) et *Pygmalion*, par Boucher (n° 107), manquent à la collection.

1152. LUCANI PHARSALIA. *Parisis, A. A. Renouard,* 1795, gr. infol. dem.-rel. mar. u. rogn. (*Imprimé sur* VÉLIN.)

Au bas des pages 59, 195 et 313, sont placés en culs-de-lampe, trois DESSINS par PERRIN, qui n'ont pas été gravés. Ces dessins sont exécutés, à l'encre de Chine, sur le vélin même. On a ajouté les dix figures du Lucain du chevalier d'Elci, gravées d'après les dessins de Waechter.

1153. La Pharsale de Lucain, traduite en vers français par Brébeuf; accompagnée du texte, avec la Vie des deux poëtes et des Réflexions critiques sur leurs ouvrages, par J. B. L. J. Billecocq. *Paris, Crapelet,* 1796. 2 vol. in-8, fig. Grand pap. dos de mar. non r. (*impr. sur pap. bleu.*)

Avec les DESSINS originaux de Perrin, les figures avant la lettre , et les eaux-fortes.

POËTES FRANÇAIS.

1252. CHOIX ET EXTRAITS D'ANCIENS FABLIAUX (par le Grand d'Aussy), *Paris, P. Renouard.* gr. in-8, mar. viol. non r. (*Bauzonnet.*)

Un des quatre exemplaires imprimés sur VÉLIN. On y a ajouté les dix-huit DESSINS, dont quinze de MOREAU et trois de Desenne, et en outre les figures avant la lettre sur papier de Chine et les eaux-fortes.

1310. Cent quatre-vingt-seize Dessins pour les Fables de La Fontaine, en un vol. in-12 de pap. bl. rel. à dos de mar. r.

Cent cinquante et un sujets sont l'ouvrage d'un Genevois nommé Huber, parent de Huber, fameux par ses découpures. Ce qui rend ce volume précieux, ce sont les quarante-cinq dessins de MOREAU , non publiés, dont le mérite fait regretter que cet artiste n'ait pas été mis à même de compléter toute la suite des Fables de La Fontaine.

1311. Dessins pour les Fables de La Fontaine, par Coiny. Volume
in-12 de papier blanc, relié à dos de mar. r.

Quatre-vingt-trois sujets croqués à la mine de plomb, quelques-uns légèrement lavés. Le surplus des dessins a été seulement esquissé sur des feuillets
in-folio et n'a pas été conservé.

1312. Douze médaillons très-ornés, par Bergeret, pour chacun des
douze livres des Fables de La Fontaine, édition publiée par Ch.
Nodier, *Paris, Emery*, 1818, 2 vol. in-8.

Epreuves de graveur tirées sur papier in-fol.

1314. CONTES ET NOUVELLES EN VERS, par LA FONTAINE. *Amsterdam (Paris, Barbou)*, 1762. 2 tomes en 4 vol. in-8. mar. bl.
tabis, non r. (*Lefèvre.*)

Édition dite des FERMIERS-GÉNÉRAUX. Estampes, eaux-fortes, vignettes,
culs de lampe, d'après Eisen et Choffard. Cet exemplaire a été choisi sur
plusieurs en feuilles; et comme aux gravures de l'édition on en a ajouté un
grand nombre d'autres, on a cru convenable de faire ici l'énumération
de toutes les richesses rassemblées dans ces quatre volumes véritablement
uniques.

1º Les gravures sont celles que s'était réservées Aliamet, habile graveur,
à qui l'on doit les plus jolies pièces de cette élégante collection.

2º La plupart des eaux-fortes; il en manque à peine huit.

3º Beaucoup de planches en épreuves doubles et même triples, ayant des
différences soit dans la gravure (telles que le bât, le rossignol, les lunettes),
soit seulement dans les noms des artistes.

4º Presque toutes les estampes qui furent rebutées, et remplacées par d'autres, parce que l'exécution, ou même le dessin n'en avait pas été trouvé convenable. Elles sont ici au nombre de vingt-cinq.

5º SEIZE DESSINS PAR EISEN, sur VÉLIN et à la mine de plomb, d'une partie de ces gravures supprimées.

6º Les fleurons par Choffard, tirés sur papier blanc, en double, à côté des
mêmes tirés sur les feuillets du texte; plusieurs sont répétés avec des différences.

7º La plupart des eaux-fortes de ces fleurons, recueil unique, tiré pour
l'usage de Choffard, et que je tiens de lui-même.

8º Trois épreuves différentes des portraits par Ficquet, 1º celui de l'édition, très-beau; 2º le même avant la lettre, et bien terminé; pièce d'une
extrême rareté, et que je crois unique; 3º celui de la deuxième planche, de
même avant la lettre et très-beau. A celui d'Eisen, aussi par Ficquet, est
ajoutée une épreuve d'ébauche.

9º Plusieurs portraits de La Fontaine, par Le Mire, pour les Fables gas-
connes; par Saint-Aubin, grand et petit; par Ribault; médaillons gravés par
Gaucher et Dupréel, imprimés en divers endroits du livre; Arioste, par
Ficquet, avant la lettre; Boileau par Saint-Aubin; le même par Ficquet,
fort rare.

10º Les dix estampes in-8, par Moreau le jeune, prises de l'édition en six
volumes, avant la lettre, et tirées sur papier de Chine.

11º La pièce latine de Pétrone, *Matrona Ephesiaca*, de mon édition, imprimée exprès sur plus grand papier pour cet exemplaire.

12º Tous les prospectus et avis imprimés, relatifs à cette édition.

1316. Cent trois gravures, d'après les dessins de Desenne, et autres
pour les Contes de La Fontaine. *Paris*, *Nepveu*. In-12.

Épreuves avant la lettre. — Cette suite, de soixante-quinze gravures, est
ici portée à cent trois par l'adjonction de vingt-huit pièces rebutées et remplacées par d'autres, les unes refaites, les autres corrigées.

1323. Cent quatorze gravures de Bernard Picart, pour les éditions
de Boileau, in-folio, de 1717 et 1729, et in-12 de 1722. Vol. in-
fol. cartonné.

Ce recueil, formé par B. Picard lui-même, contient les huit grandes pièces
de 1718, les mêmes de 1729 avec les vingt-sept vignettes et lettres ornées,
regravées à neuf pour 1729, et trente-six sujets, en estampes et vignettes,
gravées pour l'in-12 de 1722; le tout en épreuves tout à fait primitives et
sur papier blanc : précieux ensemble dont un second exemplaire, même
en épreuves moins parfaites, serait infaisable. — Les six grandes estampes
du *Lutrin*, avec bordure datée de 1728, sont dans cet exemplaire en premier
tirage de 1717. Dès lors il en aura été réservé un petit nombre sans y mettre
la bordure, soit par Bernard personnellement, soit en prévision d'emploi
dans de grands exemplaires d'une future réimpression, qui effectivement eut
lieu en 1729, et pour laquelle fut regravée la planche unique de bordure,
mise hors de service par le sextuple tirage de 1717.

1333. Six Dessins, par Moreau, pour le Lutrin de Boileau, et deux
portraits, dessinés par Saint-Aubin : avec les gravures correspondantes, épreuves sur papier de Chine, petit in-4, dos de
mar. r.

1334. Dix Dessins de sujets et deux de portraits, par Carle et
Horace Vernet, Hersent, Roehn et autres, pour les Œuvres de
Boileau, édition de Blaise, avec leurs gravures, qui y sont de
trois sortes : eaux-fortes, avant et avec la lettre. Petit in-4, cart.

1335. Figures pour Boileau, par Moreau, avant la lettre et les
eaux-fortes, quinze pièces : autres par Desenne, sept pièces,
avant la lettre. In-4, sur papier fort, carton.

1353. La Henriade de Voltaire. Imprimée pour l'éducation du
Dauphin. *Paris*, *P. Didot*, 1790. In-4, pap. vélin, fig. mar.
marbré de Constantinople, non r. (*Bradel.*)

Cet exemplaire est enrichi d'estampes in-4 de Moreau, rares avant la lettre, et six eaux-fortes; de celles de Queverdo, avec les eaux-fortes; d'un
grand portrait de Voltaire, gravé par Langlois, très-rare avant la lettre, et de
plusieurs autres estampes et portraits.

1370. Les Œuvres de Gresset. *Ibid.*, 1811-10, 3 tomes en 7 vol.,
petit in-4, mar. rouge, non r.

Seul exemplaire sur vélin, avec les neuf dessins originaux de Moreau,
celui de Saint-Aubin pour le portrait, et les gravures avant la lettre et les eaux-
fortes.

1386. Œuvres diverses de Dorat avec Zélis au bain, par le marquis de Pezai. *Paris*, 1764-68. 4 vol. in-8. Grand pap. fig. mar.
vert.

Avec huit des dessins d'Eisen pour les estampes.

1388. Quarante-sept dessins d'Eisen, pour les baisers de Dorat, avec les quarante-sept Gravures tirées à part sur papier blanc, et une partie des eaux-fortes. 1 vol. grand in-8, br.

1389. Fables ou Allégories philosophiques, par Dorat. *Paris*, 1772. 4 vol. in-8, pap. de Holl. mar. bl. moire.

Avec les dessins originaux de Marillier. Ces spirituels dessins, au nombre de cent quatre-vingt-dix-huit, sont ici placés dans un des exemplaires en papier de Hollande de l'édition sans gravures; ils y sont accompagnés des gravures sur papier blanc, d'épreuves de graveurs, aussi bien tirées qu'elles le sont mal dans presque toute l'édition. Il y a une partie des eaux-fortes. On croit que deux ou trois petits dessins ont été perdus et manquent.
Cette jolie suite passe pour être le chef-d'œuvre de Marillier.

1390. Choix de Chansons, mises en musique, par M. de Laborde. *Paris*, 1773. 4 tomes en 2 vol. grand in-8, dos de mar. r. non r.

Les Figures du premier volume, dessinées et gravées par Moreau, et les meilleures de tout le Recueil, sont ici en double, d'épreuves avant la lettre, avec toutes leurs eaux-fortes moins deux.

1396. Idylles et romances, par Berquin. *Paris*, 1775. 3 vol. in-8, mar. vert, tabis, dent. tr. dor. (*Bozerian*.)

Figures des premières épreuves avec les eaux-fortes et les dessins originaux de Marillier, qui ne sont que de légères ébauches.

1426. L'Homme des champs, ou les Géorgiques françoises, par Delille. Avec figures. *Paris*, *P. Didot l'aîné*, 1805. In-8, Grand pap. vélin, rel. en vélin blanc, doublé de moire, richement doré.

Les deux côtés de la reliure sont ornés de deux grands paysages au lavis, par Moreau.
Cet exemplaire, outre l'importance de ses ornements extérieurs a les figures doubles, en noir avant la lettre, et en couleurs. On y trouve aussi quelques gravures des précédentes éditions, le portrait par Roger, avant la lettre et un par Saint-Aubin, avec le Dessin. — Un étui en acajou renferme ce précieux volume.

1517. Dessins de Moreau pour le Corneille de Renouard. 1 vol. petit in-4 de papier blanc à dos de mar. r.

Vingt-trois pièces, avec leurs gravures correspondantes, avant la lettre, sur papier de Chine. Les portraits de Pierre et Thomas Corneille, avec leurs dessins par Saint-Aubin.

1517 bis. Dessin de Prud'hon. Jésus-Christ portant sa croix. Encadré.

Au crayon noir rehaussé de blanc. Ce dessin a été gravé pour la traduction de l'Imitation de Corneille, édition de M. Renouard.

1518. Figures de Moreau, pour Corneille, avant la lettre, avec les eaux-fortes et des portraits.

1525. OEuvres de Molière, avec des Remarques et des Observations sur chaque pièce, par M. Bret. *Paris*, 1773. 6 vol. in-8, dos de mar, bleu, non r.

Très-remarquable exemplaire, avec les doubles figures de Moreau anciennes et nouvelles, avant la lettre, leurs eaux-fortes et des épreuves doubles de planches recommencées de la seconde suite. Dix eaux-fortes de l'ancienne n'ont pu être trouvées. Plusieurs autres estampes et portraits, entre autres le portrait de Molière par Ficquet, ancienne épreuve, ont été ajoutés à l'exemplaire.

1531. Figures de Laurent Cars, pour les OEuvres de Molière. In-4, avec le portrait de Laurent Cars, et la plupart des eaux-fortes grand in-4, dos de mar. r.

Exemplaire de De Sève, qui en a fait faire les gravures.

1532. Dessins de Moreau, pour Molière. 1 vol. petit in-4 de pap. blanc, à dos de mar. r.

Trente pièces avec leurs gravures correspondantes, et quatre crayons divers du portrait de Molière, par Saint-Aubin. — Ces Dessins peuvent, à très-juste titre, être regardés comme le chef-d'œuvre de Moreau.

1533. Figures de Moreau pour Molière, épreuves avant la lettre et les eaux-fortes. In-4, papier fort, carton.

Soixante-huit pièces, dont cinq de portraits et trois gravures de plus, dont l'*École des Femmes*, par Horace Vernet.

1534. Figures de Moreau, pour Molière.

Épreuves avant la lettre, et les eaux-fortes, le tout sur papier de Chine.

1538. Dessins de De Sève pour l'édition in-4 de Racine, avec les gravures et tous les fleurons ainsi que leurs dessins. In-4, dos de mar. r.

Quatre-vingt-sept pièces, tant en grands dessins qu'en fleurons et vignettes et toutes leurs gravures correspondantes. Un seul dessin, celui d'*Iphigénie*, n'a pu être retrouvé.

1544. OEuvres de Racine, avec les notes de tous les commentateurs. Edition publiée par L. Aimé-Martin. *Paris, Lefevre,* 1820. 6 vol. in-8, grand pap. vél. cuir de Russie, compart. non r. (*Purgold.*)

Avec cinq suites de vignettes avant la lettre.
1. Figures de Moreau, pap. de Chine, et eaux-fortes.
2. Figures de l'édition, avec les eaux-fortes.
3. Les petites figures de Girardet.
4. Figures de Garnier (de l'édition de Geoffroy).
5. Les cinquante-sept figures in-8, copiées de l'in-folio de Didot, et beaucoup de portraits.

1547. Douze Dessins, par Moreau le jeune, pour les OEuvres de Racine; trois portraits dessinés par Saint-Aubin et un par Chasselat, avec les gravures correspondantes. Épreuves avant la lettre, sur papier de Chine, petit in-4, rel. à dos de mar. r.

Plus un Dessin pour *Phèdre*, par De Vouges fils, non gravé.

1548. Figures de Moreau, pour Racine et pour Crébillon, épreuves avant la lettre, avec les eaux-fortes pour Racine. Vingt-neuf pièces pour Racine et onze pour Crébillon. In-4, sur pap. fort, carton.

1549. Cinquante-sept Figures au trait pour Racine, d'après Calmé. In-18.

1550. Les mêmes. 1 vol. in-8, cartonné.

1564. Neuf Dessins, pour Crébillon, par Moreau, et le portrait dessiné par Saint-Aubin, avec les gravures correspondantes, épreuves avant la lettre sur papier de Chine. Petit in-4, dos de mar. r.

1569. Treize Dessins in-8 de Lafitte, pour Destouches, en 1 vol. de pap. blanc, avec les gravures correspondantes et le portrait, dessin et gravure. Petit in-4, dos de mar. r.

1578. Régulus, tragédie, et la Feinte par amour, comédie, par Dorat. *Paris,* 1773. In 8, pap. de Holl. cart.

Ajouté le dessin du titre, par Marillier, et une gravure pour *Régulus.*

POÉTES ITALIENS, ALLEMANDS ET ANGLAIS.

1614. Compositions from the Hell, Purgatory and Paradise, of Dante Alighieri, by John Flaxman, sculptor, engraved by Thomas Piroli. *London, Longman, etc.*, 1793. In-fol. oblong, cart.
Cent onze pièces et deux titres.

1649. Cinquante-deux Dessins originaux de Porro, pour l'Orlando de 1584, qui porte son nom. In-fol. vél.
Le titre; quarante-six pour le poëme, cinq pour les *Cinque Canti.*

1650. Trois dessins de Moreau, pour l'Orlando de Baskerville, pour les chants v^e, xxviiie et xxxe; deux dessins au trait pour l'usage du graveur à l'eau-forte; un Ariosto de Ficquet, sur vélin très-mince, etc.

1651. Orlando furioso di Lodovico Ariosto. *Birmingham, da torchj di G. Baskerville,* 1773. 4 vol. in-4, br. en cart.

Figures de Bartolozzi et autres. — Toutes les estampes sont d'épreuves choisies. Il y en a d'ailleurs en double, soit avant la lettre, soit avec des différences. Le deuxième portrait de l'Arioste, gravé par Ficquet, épreuve avant la lettre, avec le dessin d'Eisen pour ce portrait, et les quarante-six figures d'après Cochin, des premières épreuves.

1652. Orlando furioso di Lodovico Ariosto, nuova edizione, corretta e ricorretta, *Parigi, Giov. Cl. Molini,* 1788. 5 vol. in-4, pap. de Holl. dos de mar. r. non r.

Cet exemplaire est orné des figures de l'édition de Baskerville, de premières épreuves de graveur, dont beaucoup sont doubles, avant la lettre ou eaux-fortes; de la suite des quarante-six pièces, d'après Cochin, épreuves de graveur, avec toutes les eaux-fortes; des deux portraits différents, gravés par Ficquet, avec plusieurs autres gravures.

1660. DESSINS DE COCHIN pour l'édition in-4 de Didot l'aîné de *la Gerusalemme liberata.* 2 vol. in-4, dos de mar.

Quatre-vingt-deux feuillets grand in-4, dont quarante-deux contiennent

les quarante sujets pour les vingt chants, le frontispice et une dédicace allé-
gorique qui n'a pas été gravée. Sur chacun des quarante autres sont deux
dessins ; l'un, vignette en travers, représentant le sujet indiqué par des vers
du poëme, imprimés en dessous exprès pour cet emploi. Le bas de la page
est occupé par un dessin plus petit, faisant fleuron ou ornement. Avec les
grands dessins sont leurs gravures en premières et parfaites épreuves. Au-
cun des quatre-vingts petits dessins n'a été gravé. Le tout est placé entre des
feuillets blancs soigneusement lissés. — On assure que, pour encouragement
et sous forme d'honoraires, chacun des grands dessins fut payé 5oo fr. au
dessinateur Cochin (4o,ooo pour l'ensemble) par le prince protecteur de
cette publication (Louis XVIII, alors Monsieur, comte de Provence).

1662. La Gerusalemme liberata di Torquato Tasso. *Parma, Bo-
doni,* 1794. 2 vol. in-4. dos de mar. r. non r.

> Avec les quarante et une gravures d'après Cochin, épreuves avant la lettre,
> et les quarante et une eaux-fortes dont il n'existe que cet exemplaire et celui
> qui est dans les 4 vol. in-4 de Didot. Il y en a , je crois, un ou deux autres
> très-incomplets.

1664. La même. *Ibid.,* 1794. 3 vol. in-fol. pap. vél. fig. dos de
mar. r. non r.

> Avec les quarante et une gravures , d'après Cochin, épreuves avant la
> lettre, tirées sur papier in-fol., et le portrait gravé par Morghen, avant la
> lettre. Au troisième volume est ajouté un DESSIN de Cochin représentant
> le magicien Ismen.

1672. Les Veillées du Tasse (par Compagnoni), avec le texte italien en regard , trad. par B. Barère. *Paris, Crapelet ,* 1804.
In-8 , pap. vél. fig. rel. en pap. mar. r. non. r.

> Avec les DESSINS ORIGINAUX des quatre gravures, par de Myris.

1682. Scherzi poetici e pittorici, con 41 rami disegnati ed incisi
da Giuseppe Tekeira. *Parma, co' tipi Bodoniani,* 1795. In-4,
dos de mar. r. non r.

> Les quarante et une estampes sont doubles : les unes imprimées en rouge
> avec d'élégants cartouches noirs ; les autres coloriées dans le genre étrusque.

1685. Poemetti, etc. *Parigi, Renouard,* 1801. In-12, mar. vert,
moire, non r.

> Sur VÉLIN, avec le Dessin de la gravure par Harriet, et plusieurs autres
> figures.

1700. AMINTA, di Torquato Tasso. *Parigi, Renouard,* 1800. In-12,
mar. vert, moire, non r. (Imprimé sur VÉLIN.)

> AVEC LE DESSIN DE PRUD'HON, qui est un de ses chefs-d'œuvre, et plu-
> sieurs épreuves de la gravure, avant la lettre et eau-forte.
> Le dessin est à la sépia et d'un fini précieux. Prud'hon s'était engagé à en
> livrer trois semblables pour d'autres ouvrages, mais il avait mis au premier
> tant de soin et de temps, qu'il ne voulut, malgré les supplications et les offres
> qu'on lui fit, consentir à dessiner les autres autrement qu'au crayon noir
> rehaussé de blanc. Ces trois dessins qui se trouvent dans ce catalogue, sont :
> *Jésus-Christ portant sa croix* (n° 1517 bis), *Abrocome et Anzia* (n° 3614) et
> *Daphnis et Chloé* (n° 3613).

1707. OPERE DEL SIGNOR ABATE PIETRO METASTASIO. *In Parigi,*

Vedova Herissant, 1780-82. 12 vol. in-4, Pap. de Holl. fig. avant la lettre, dos de mar. r. non r.

Avec les trente-huit Dessins originaux, par Cipriani, Moreau, Cochin, etc. — L'estampe pour la Poétique d'Aristote y est en double, imprimée en bistre, avant la lettre, ainsi que la rarissime estampe de Polyphème, par Bartolozzi, avant la lettre et la bordure, qui se paye si cher en Angleterre, pour l'œuvre de Bartolozzi.

1723. Les OEuvres de Gessner, *Paris, Renouard,* 1799. 4 vol. in-8, mar. vert, moire, non r.

L'un des deux exemplaires imprimés sur vélin. — On y trouve les quarante-huit Dessins originaux de Moreau, avec les estampes et portraits avant la lettre, sur papier de Chine; le tout fixé sur des feuillets de vélin. Dans le premier volume sont trois dessins de Perrin, habile peintre, qui n'ont pas été gravés.

1731. Cent seize gravures pour la Collection des poëtes anglais de Sharpe, sur grand papier. In-8.

Épreuves antérieures, ainsi que les précédentes, au tirage de l'édition.

1745. Les vingt-quatre gravures de John Martin pour le Paradis perdu de Milton, premières épreuves (*proofs*), sur plus grand papier, en un portefeuille de carton.

1762. Illustrations of the Pleasures of Hope, a poem by Thomas Campbell, by Westall et Ch. Heath. *London, Longamn,* 1818. In-8. Quatre pièces.

— Pour Gertrude of Yoming, par le même. *Ibid.,* 1819. In-8, Quatre pièces.

Premières épreuves.

1767. Gravures pour les œuvres de lord Byron, d'après Westall et Stothard. In-4, cart.

Trente-deux pièces, plus trois portraits et une vue de Newstead Abbey.

1771. Six gravures pour Lalla Rokh de Th. Moore.

1775. The Plays of William Shakspeare. *London,* 1818. 21 vol. in-8, grand pap. rel. à dos de mar. r. non r.

Sont ajoutées trente-huit figures en bois, les gravures d'après Fuseli, la Collection de Kearsley, une autre de divers, plusieurs de la Collection de Bell, d'autres d'après Moreau, les précieuses vignettes du Shakspeare, de Londres, 1807, en 12 volumes, épreuves de gravure, sur papier blanc, etc.

1780. Illustrations to Shakespeare, by Robert Smirke. *London,* 1825. In-fol. en un portefeuille.

Portrait et quarante-quatre estampes pour huit pièces. — C'est, je crois, tout ce qui a été fait de ces gravures d'une exécution précieuse.

MYTHOLOGIE.

1802. Lettres à Émilie sur la Mythologie. *Paris, Renouard,* 1804, 6 vol. in-18, mar. bleu, moire, non r.

Figures de Moreau, avant la lettre, sur papier de Chine. Vingt et un dessins de Huber; six de Moreau et des portraits. — Sur vélin. Le seul tiré de cette édition.

1805. Les mêmes. *Ibid.*, 1809. 6 vol. in-12, mar. r. tabis, non r.

Sur vélin; le seul tiré. — Figures de Moreau, avant la lettre, sur papier de Chine, ainsi que les eaux-fortes ; beaucoup de figures ajoutées ; LES TRENTE-SEPT DESSINS de MONNET, pour l'in-8 de 1801, et quelques dessins de Huber.

1809. LES MÊMES. Même édition de 1809. 6 vol. grand in-8, mar. bleu, dent. moire, non r. (*Bozerian.*)

Sur vélin; seul exemplaire tiré. Il est ORNÉ des TRENTE-SIX DESSINS DE MOREAU; de vingt-quatre du même, plus petits; de quatorze de LE BARBIER non gravés; d'un de Fokke; d'un portrait de Demoustier au crayon, par Gaucher ; des figures avant la lettre et eaux-fortes, toutes sur papier de Chine; enfin de beaucoup de portraits et estampes diverses.

1822. Gabrielis Faerni Fabulae centvm, et ejusdem Carmina varia (cura Ant. Aug. Renouard, Parisini). *Parmae*, 1793, *typis Bodonianis*. In-4, mar. bleu, moire.

Avec le portrait de Faerne et cinquante DESSINS représentant les principales fables.

1824. Les véritables Fables des animaux, représentées en quarante dessins originaux, par Marc Gerards, de Bruges, avec les explications manuscrites en vers flamands. In-4, carton.

Ces Dessins à la plume sont les originaux d'une partie des gravures du volume suivant.

1825. Les mêmes (en vers flamands). *Bruges*, 1567. In-4, fig. vél.

Ce volume très-rare, même en Belgique, contient cent sept fables avec leurs gravures.

1826. New work of Fables and Animals, containing one hundred plates drawn from the life, and etched by Samuel Howitt. *London*, 1811. In-4, dos de cuir de Russie.

La plupart des exemplaires ne contiennent que cinquante-six planches des fables, et n'ont point les quarante-quatre pièces d'études d'animaux qui, par leur supériorité, sont la partie la plus importante du Recueil.

CONTES ET ROMANS.

1853. SIX DESSINS in-12, par LE BARBIER, pour les Novélle di Soave.

Un seul de ces dessins a été gravé, mais seulement jusqu'à l'eau-forte, dont il n'a pas été fait emploi.

1859. Dix Figures et Titre pour les Contes de Perrault. In-4 oblong, carton.

1864. Historiettes et petits contes à l'usage des jeunes enfants (par Berquin). *Paris, Renouard*, 1803. 3 vol. in-18, pap. vél. fig. br.

Avec les DESSINS des gravures par BOREL.

1883. Vingt et une Figures in-8 de Chasselat, pour les Mille et une Nuits, avant la lettre, et sur papier de Chine, et 12 pièces doubles.

— Autre exemplaire avant la lettre.

1898. DAPHNIS ET CHLOÉ, traduction nouvelle (par De Bure St. Fauxbin). *Paris, Lamy, de l'Imprimerie de Monsieur,* 1787. 2 vol. grand in-4, rel. à dos de mar. r.

> Exemplaire sur VÉLIN. Le IIe volume contient 29 dessins à la plume, par Martini, et les mêmes sujets, peints en miniature, d'après les tableaux originaux attribués au Régent ; ces miniatures, sans être parfaites, sont infiniment supérieures aux estampes peintes sur VÉLIN, que Lamy, libraire, plaça dans les exemplaires sur VÉLIN de cette édition, et auxquelles ces vingt-neuf miniatures ont servi de modèle. Les cinquante-huit pièces sont sur VÉLIN.

1905. Gli Efesiaci, etc. *Ibid.,* 1800. In-12, fig. avant la lettre et eau-forte, moire, mar. vert, non r. (*Bozérian.*)

> L'un des deux qui ont été tirés sur VÉLIN. Avec trois DESSINS par LIPS.

1916. Psyches et Cupidinis Amores. Matrona Ephesiaca. *Ibid.,* 1796. In-12, grand pap. vélin, mar. bleu, fil. tr. dor. (*Trautz-Bauzonnet.*)

> Cet exemplaire est orné de dix-huit DESSINS DE COINY, dont quelques-uns sont terminés, les autres non achevés, et de beaucoup de gravures de Moreau et autres.

1917. LA FABLE DE CUPIDON ET PSYCHÉ, tirée d'Apulée, et représentée en trente-deux figures, gravées (d'après Raphaël) par Agostino Veneziano et Martin de Ravenne. In-fol. obl. veau j.

> Quelques pièces ont l'adresse d'Ant. Salamanca. On croit que plusieurs sont de la main de Marc-Antoine.

1933. El ingenioso Hidalgo don Quixote de la Mancha, compuesto por Miguel de Cervantes Saavedra. *En Madrid, Gabriel de Sancha,* 1797. 5 vol. in-8, grand pap. fig. rel. à dos de cuir de Russie, non r.

> Cet exemplaire est orné de beaucoup de figures ajoutées à celles de l'édition : trente figures de Chodowiecki ; quarante de l'édition de Bossange ; les seize du Florian ; douze du Don Quichotte in-8 de Dubournial ; vingt-quatre gravures anglaises de Westall et autres, le tout de premières épreuves.

1936. Soixante-huit estampes pour Don Quixote, gravées par G. Vander Gucht sur les dessins de Vanderbank. In-fol. Épreuves avant la lettre, dos de cuir de Russie.

> On y trouve aussi un des dessins originaux de Vanderbank, et le portrait de Cervantes gravé par Vertue.

1937. Trente et une estampes gravées par B. Picart et autres, d'après Coypel, Boucher, etc., pour Don Quichotte (Principales Aventures). 1 vol. in-4, carton.

> Epreuves avant les numéros, tout à fait primitives ; les seize de Florian, premières épreuves ; la grande gravure en bois représentant Don Quichotte dans sa bibliothèque.

1938. *Vingt-sept Estampes et deux Vignettes*, par Duflos et Moreno, pour le Don Quichotte de Madrid, 1797. 5 vol. in-8.

— Quarante Estampes plus petites pour l'édition Bossange, avant la lettre, sur grand in-8.

1939. En un volume in-4 cartonné :

— Gravures pour Don Quichotte, d'après Westall, vingt-quatre sujets in-12, tirés sur in-4.

— Les seize Gravures pour le Don Quichotte de Florian, sur papier de Chine, ainsi que les précédentes.

— Vingt-neuf pièces in-8, par Folkema, copiées pour l'in-8 de 1768 sur les in-4 de Picart et autres.

Epreuves antérieures au tirage.

— Trente-quatre vignettes de Moreno pour l'espagnol en 9 vol. in-12. Epreuves sur papier blanc.

— Douze d'après Horace Vernet, Eugène Lami, pour l'in-8 de Dubournial, et quatre pour les Pèlerins du Nord.

Premières épreuves, lettres grises ; plus huit du Florian, sous forme carrée. qui fut changée avant le tirage, et la gravure en bois représentant Don Quichotte dans sa bibliothèque. En tout, cent huit pièces.

1940. SOIXANTE-QUATORZE ESTAMPES et Vignettes de Smirke, pour Don Quichotte. In-fol. cuir de Russie.

Ces épreuves in-fol., que l'on fit payer très-cher, furent tirées à petit nombre sur de grands cuivres qui, après ce tirage avec lettre grise, furent coupés à la grandeur de l'in-8 anglais de 1818, pour lequel ces gravures ont été faites.

1941. Vingt DESSINS in-8, pour les OEuvres de Cervantes, avec leurs gravures. Le tout en in-fol. carton.

Quatre DESSINS d'HORACE VERNET et dix d'EUGÈNE LAMI pour Don Quichotte; six de DESENNE pour les Pèlerins. Des dix d'Eugène Lami, deux n'ont point été gravés. Aux dix-huit gravures correspondantes sont ajoutées les seize du Florian, les sept du poëme de Girodet, quatre portraits et trois sujets sur ses Dessins; ils sont avant la lettre et sur papier de Chine. Il n'en a été ainsi tiré que quelques exemplaires.

1967. Lettres portugaises. Nouvelle édition, avec les Imitations en vers par Dorat. *Paris, de l'Imprimerie de Delance*, 1806. In-8, pap. vél. br.

Avec trois jolis DESSINS sur vélin, par Eisen, pour l'ancienne édition des Imitations par Dorat, et plusieurs gravures ajoutées.

1986. Les Aventures de Télémaque, fils d'Ulysse, par Fénelon, imprimées par ordre du roi pour l'éducation du Dauphin. *Paris, Didot l'aîné*, 1783. 4 vol. in-18, pap. vél. mar. brun, non r. fil. tr. (*Bauzonnet-Trautz*.)

Avec les vingt-cinq figures in-18 de Lefebvre, avant la lettre, et les eaux-fortes. Portrait de Fénelon et en plus cinq DESSINS au crayon.

1992. Aventures de Télémaque. *Paris, Renouard*, 1802. 2 vol.
in-12, mar. violet, moire, non r.

> L'un des deux exemplaires qui ont été tirés sur VÉLIN. Il est orné des
> DESSINS ORIGINAUX de LEFÈVRE, avec leurs figures sur papier de Chine, et
> eaux-fortes; des figures de Moreau, du Fénelon de Grateloup, etc., et d'un
> portrait au crayon, par Saint-Aubin.

1994. QUATRE-VINGT-SEIZE DESSINS de MONNET, pour Télémaque.
En 2 vol. grand in-4, dos de mar. bl.

> Avec leurs gravures correspondantes, par Tilliard, avant la lettre, et la
> plupart des eaux-fortes.

1995. VINGT-CINQ DESSINS, par MOREAU, pour Télémaque et Aris-
tonoüs. In-8, avec les gravures desdits dessins, avant la lettre
et sur papier de Chine, et six portraits ajoutés; le tout placé dans
un volume de papier blanc, petit in-4, rel. à dos de mar. r.

1996. Figures de Moreau, pour Télémaque, épreuves avant la
lettre, et eaux-fortes. Sur pap. fort. In-4, cart.

> Cinquante et une pièces.

2001. Vingt-quatre Gravures in-8, pour Gilblas, d'après les dessins de Smirke. In-4, cart.

> Précieux Recueil. — Ce sont les gravures de la traduction anglaise,
> *Londres*, 1809, premières épreuves (*Proofs*) sur papier de Chine, tirées
> in-4, avec les neufs gravures in-8 de Desenne avant la lettre. On y a ajouté
> une lettre autographe de Le Sage, pièce très-rare.

2003. Quarante-sept Dessins et vingt-quatre Gravures. En 1 vol.
de pap. blanc. In-4, dos de mar. r.

> Pour un Gilblas in-8, projeté vers 1800 par un libraire de Londres qui
> eut le bon sens de s'arrêter en chemin. Dessins, cuivres gravés, épreuves,
> tout fut détruit, hors ce reste qui a, non pas le mérite, mais la singularité
> d'être unique.

2013. LE TEMPLE DE GNIDE. *Ibid.*, 1796. In-4, pap. vél. fig. rel.
en VÉLIN, moire : étui de mar. bl. doublé de tabis.

> Outre les gravures en couleur, on y a placé DIX DESSINS in-4 du peintre
> REGNAULT qui n'ont été gravés qu'en petit pour l'édition in-18 de Didot
> l'aîné. Sur chaque côté de la couverture en VÉLIN blanc, doublée de moire,
> est un DESSIN de Moreau, d'une délicatesse remarquable.

2033. Joseph, par M. Bitaubé. *Paris, Didot l'aîné*, 1786. 2 vol.
in-8, mar. bl. moire, non r.

> Sur VÉLIN. Cet exemplaire contient, avec les gravures et leurs eaux-fortes,
> les neufs DESSINS originaux de MARILLIER, six sujets in-8 coloriés, DES DES-
> SINS in-18, qui sont au crayon, et le dessin du portrait de l'édition avec une
> copie coloriée.

2035. Le même. *Ibid.*, 1786. 2 vol. in-18, pap. vél., fig. mar. bl.
moire.

> Les gravures sont de premier tirage, comme au précédent. Elles sont
> accompagnées de neuf DESSINS sur vélin, coloriés et copiés, de même gran-
> deur que les sujets gravés.

2039. SIX GRANDS DESSINS faits pour Paul et Virginie, par Lafitte, Girodet, Gérard, Moreau, Prud'hon et Isabey père. En
1 vol. in-fol. de papier blanc, cartonné, contenant de plus :

1. *Portrait pour in-8, Dessin de Girodet et sa gravure.*

2. *Huit Dessins in-8 de plantes, pour les Etudes de la nature, coloriés, ou plu-
tôt peints sur vélin, par le comte de Turpin.*

3. *Vue de l'église des Pamplemousses, Dessin à la sépia.*

4. *Onze sujets in-8 et un fleuron. Dessins de Desenne : quatre pour Paul et Virginie, sept pour les autres OEuvres.*

5. *Neuf Dessins in-18 pour les OEuvres.*

6. *Quatre Dessins de Moreau et de Joseph Vernet pour une première édition
in-8 qui n'a point été faite et que le premier in-18 a remplacée.*

7. *Six petits Dessins, sans importance, pour Paul et Virginie.*

    *En tout, quarante-six Dessins ; plus, le grand portrait, Dessin de La-
fitte. Il est sous verre.*

    En face du dessin de Joseph Vernet, est placée une lettre de la main
de ce dernier, à Bernardin de Saint-Pierre, et relative à ce dessin qui était
un cadeau que lui faisait l'illustre peintre.
    Le DESSIN de Prud'hon peut, à très-juste titre, être compté parmi ses
chefs-d'œuvre.

2059. Betzi. *Ibid.*, 1803. In-18, mar. bleu, moire, non r.

    Sur vélin, le seul tiré. Il est orné d'un dessin par Desenne, non gravé.

2061. Numa Pompilius, second roi de Rome, par M. de Florian.
Paris, Didot l'aîné, 1786. 2 vol. in-18, pap. vél. fig. mar. vert,
fil. tr. dor. tabis.

    Avec les treize DESSINS originaux de Queverdo, le portrait de Florian, et les
huit gravures de Desenne.

2138. Figures pour les Aventures de Robinson, gravées par Del-
vaux, d'après celles de l'édition anglaise de Stockdale, grand
in-8 avant la lettre.

    Et plusieurs autres gravures pour le même ouvrage.

2145. The Vicar of Wakefield. *Ibid.*, 1800. In-12, mar. vert,
moire non r.

    Un des deux exemplaires imprimés sur vélin, avec figures et leurs six
DESSINS.

2160. Figures pour les Romans de Walter Scott. In-fol. carton.

— *Illustrations of the Novels and Tales entitled : Waverley, Guy Mannering,
the Antiquary, Rob-Roy, and five others. Designs by Will. Allan.* Sur pap.
de Chine, ainsi que les suivants. Quatorze pièces.

— *Ivanhoe, des. by Westall.* Sept pièces.

— *Guy Mannering, by the same.* Six pièces.

— *The Monastery, by the same.* Sept pièces. — Ensemble, trente-quatre pièces.

2161. Autres de Leslie, douze pièces ; de Stothard, sept pièces.
Pap. de Chine. 1 vol. petit in-fol. carton.

3.

2162. Pour les Poésies de Walter Scott : trente-cinq pièces en un vol. gr. in-4, cart.

Six estampes et un titre, par Westall,　The Lord of the Isles.
Six et le titre, par le même,　The Lay of the Last Minstrel.
Six et le titre, par le même,　Rokeby.
Six et le titre, par le même,　Glenfinlass.
Six et le titre, par le même,　Marmion.

2163. Illustrations for the Last Minstrel. Douze vues d'après Schetky. In-4, carton, grand papier.

2164. The Lady of the Lake. Cahier in-4 :

Six estampes et un titre, par Cook. Sur pap. de Chine.
Six estampes et un titre, par Westall, pour le même poëme.

2166. Recueil de Gravures anglaises, d'après les dessins de Westall.

Milton. Vingt-quatre pièces.
Cooper's Poems. Vingt et une pièces.
Thomson's Seasons. Six pièces.
Goldsmith's Poems. Six pièces.
Young. Dix pièces.
Beattie's Minstrel. Six pièces.
Rasselas, by Johnson. Quatre pièces.
Elizabeth, by Madame Cottin. Cinq pièces.
Bunyan's Pilgrien. Six pièces.
Estampes ; titres. Neuf pièces.
Rowe. Trois pièces. — Ensemble, cent pièces.

    Cet article pourra être divisé.

2167. Huit Estampes in-12 pour le Spectateur, d'après Stothard. In-8. Epreuves sur pap. de Chine.

2168. Trente estampes pour Milton.

2320. Vita Beatæ Mariae Virginis Matris Dei. Emblematibus deli- neata a Jac. Callot. *Paris, Langlois,* 1646. — Lux Claustri. La Lumiere du Cloistre, représentée par figures emblématiques, dessignées et gravées par Jacques Callot. *Ibid.,* 1646. In-4, fig. mar. marbré de Constantinople, fil. tr. dor. (*Bradel.*)

    Et à la fin quinze petites pièces de Callot, dont : *La Vie de la Vierge,* le tout de premières épreuves.

2321. Lux Claustri. La Lumiere du Cloistre. *Ibid.,* 1646. In-4, fig. br. non r.

2378. OEuvres du comte Antoine Hamilton. *Paris, Renouard*, 1812. 4 tomes en 7 vol. petit in-4, mar. vert, non r.

Avec les DESSINS originaux de Moreau, et de Saint-Aubin, les figures avant la lettre et les eaux-fortes, sur papier de Chine. Seul exemplaire tiré sur VÉLIN.

2383. Soixante-quatre portraits pour les Mémoires de Grammont. Grand in-4, rel. à dos de mar. jaune.

Premières épreuves (*Proofs*) de graveur.

2398. OEuvres complètes de Voltaire. (*Kehl.*), *de l'Imprimerie de la Société Littéraire-typographique*, 1785, 92 tomes en 93 volumes grand in-12, pap. vél. rel. en papier mar. r. non r.

Avec les premières et très-rares figures de Moreau, avant la lettre, la plupart des eaux-fortes, et quelques épreuves presque uniques, telles que Pierre Ier, avant toutes lettres, etc.; les nouvelles gravures, avant la lettre, et leurs eaux-fortes, un très-grand nombre d'autres estampes et portraits. — Dans ces volumes sont aussi des épreuves doubles et quelquefois triples de toutes les différences ou corrections qui peuvent exister dans les avant-lettre de la seconde suite des estampes de Voltaire, ce qui n'a été fait que dans cet exemplaire et dans un seul du grand in-8 qui suit.

2399. OEuvres complètes de Voltaire. *Paris, Renouard*, 1819-21. 66 tomes en 68 vol. in-8, grand papier vél. reliure solide et très-soignée, à dos de cuir de Russie, non r.

Cet exemplaire réunit les anciennes gravures de Moreau avant la lettre avec presque toutes les eaux-fortes, les nouvelles figures, de même avant la lettre, et plusieurs doubles avec différences, et les eaux-fortes dont, pour la plupart des portraits, il n'a été tiré que quatre épreuves, lesquelles quatre sont placées dans cet exemplaire, dans l'in-12 de Kehl, n° 2398 ci-dessus, dans les deux volumes in-4, n° 2418, et le quatrième dans une autre Bibliothèque. Outre ces gravures, cet exemplaire en réunit une multitude d'autres avec des portraits, toutes pièces convenablement placées, et ne faisant nulle part surcharge. — Dans le dernier volume sont les cinquante-cinq têtes de Voltaire par Huber de Genève, et la plupart des prospectus, avis et modèles, depuis et compris ceux de Beaumarchais.

2415. Gravures, d'après les premiers Dessins de Moreau, pour les OEuvres de Voltaire. Épreuves avant la lettre. Volume in-8, mar. r.

M. Decroix, l'un des plus utiles coopérateurs pour les éditions de Kehl, a écrit avec soin le texte de la lettre dans l'espace blanc réservé pour le graveur de lettre. — Il est avéré que, de ces premières gravures, vingt-cinq exemplaires seulement ont été tirés avant la lettre.

2416. Cent-treize dessins, par Moreau, et trente dessins de portraits, par Saint-Aubin, en tout cent quarante-trois Dessins originaux pour les OEuvres de Voltaire, réunis dans un grand vol. in-4, rel. en mar. bleu, moire, avec étui.

Le nombre des dessins n'est pas tout à fait égal à celui des gravures de cette brillante suite, parce qu'il n'y en a pas pour quelques portraits faits.

d'après d'autres gravures. Ils sont suppléés par des épreuves avant la lettre
sur papier de Chine. On connaît l'exécution des dessins de Moreau. Ceux
de Saint-Aubin sont très-habilement lavés à l'encre de la Chine. Il y a de
plus trois autres dessins de portraits de Voltaire, par le même Saint-Aubin,
et un de Condorcet; celui-ci seulement au trait.

2417. Figures, d'après les nouveaux Dessins de Moreau, pour les
OEuvres de Voltaire. In-8, sur papier de Chine, épreuves avant
la lettre. 1 vol. grand in-8, mar. bleu, dent. tr. dor. (*Bozérian.*)

A ces gravures sont ajoutées celles de l'ancienne Suite pour *la Pucelle*,
de même sans lettre et sur papier de Chine, et une multitude de portraits
de même avant la lettre, et presque sans exceptions, sur papier de Chine.

2418. Les mêmes Figures de Voltaire, avant la lettre, avec les
eaux-fortes. 2 vol. grand in-4, carton.

Ce tirage in-4 a été de quarante exemplaires tout à fait des premières
épreuves. Des eaux-fortes il a été tiré quatorze exemplaires, et celui-ci est
un des quatre ayant toutes les eaux-fortes des portraits. Des gravures terminées il existe sept exemplaires sur papier de Chine; de huit tirés, un
complet fut détruit par accident.

2419. Les mêmes Figures de Voltaire, premières épreuves, avec
la lettre. 2 vol. grand in-8, carton.

2420. Cinquante-sept Dessins et quatorze Fleurons, par Monnet,
pour les Contes et Romans de Voltaire, édition de Bouillon en
3 vol. in-8. Grand in-8, dos de mar. r. non r.

Il y a un Dessin de Moreau, un de Martini et plusieurs de Marillier. Cette
collection est complète, et réunie à un exemplaire des figures avant la lettre.

2421. Cinquante-cinq portraits de Voltaire, tous différents et res-
semblants. Feuille de papier.

Dessins au crayon, par Huber de Genève. C'est l'original des gravures du
recueil suivant.

2422. Cinquante-cinq portraits de Voltaire, d'après Huber de
Genève. 55 feuillets in-4, cart.

2424. Douze Dessins in-8, pour les Confessions de J. J. Rousseau,
et deux en vignettes, pour Pygmalion, avec les gravures correspondantes. 1 vol. petit in-4, dos de mar. r.

De ces quatorze Dessins, sept sont de Moreau; sept des *Confessions* sont
de Chasselat; de plus, dessin de Moreau, cartouche, billet d'entrée pour un
bal paré, et un grand médaillon, portrait de J. J. Rousseau, par Saint-Aubin,
au crayon.

2426. Gravures de Moreau, Le Barbier, Cochin et autres, pour les
OEuvres de J. J. Rousseau. Grand in-4, dos de mar. r.

C'est la recommandable Collection faite, en 1782, pour la trop médiocre
édition in-4 de Genève; l'*Émile*, in-4, gravé par Choffard, plusieurs autres
estampes et dix portraits; en tout, cent quarante pièces, tant en eaux-fortes
qu'en gravures finies, qui toutes sont parfaites d'épreuves.

2437. OEuvres du comte de Tressan. *Paris, 1788-91.* 12 vol. in-8, dont neuf sur papier vélin, dos de mar. r. non r.

Avec les vingt Dessins de Marillier et leurs gravures. On a ajouté en outre au Roland furieux les 46 gravures de l'Orlando, édition de Baskerville, dont plusieurs avant la lettre, les 46 de Cochin, et aux autres ouvrages, divers portraits et gravures.

2447. OEuvres complètes de Berquin, nouvelle édition rangée dans un meilleur ordre. *Paris, Renouard,* 1803. 17 tomes en 19 vol. in-12, fig. pap. vél. cuir de Russie, non r.

Avec un très-grand nombre de Dessins, tant ceux de l'édition par Borel que beaucoup d'autres par Monnet, Moreau et Le Barbier; en tout, peut-être plus de trois cents, et beaucoup de gravures.

2460. Soixante dessins pour Florian, par Moreau et Desenne, avec leurs gravures sur papier de Chine, et celles qui n'ont point eu de dessins. Volume petit in-4, cart.

Plus un soixante et unième de Moreau, pour Tobie, dont il n'a pas été fait emploi dans cette édition.

HISTOIRE.

2605. Italian Scenery, from drawings made in 1817, by Miss Batty. *London, Rodwell,* 1817. In-4. Soixante-deux fig. cart.

2606. Sicilian Scenery from drawings by P. Dewint; the original Sketches by major Light. *London, Rodwell,* 1823. In-4. Soixante-deux figures, carton.

2607. French Scenery from drawings made in 1819 by Captain Batty. *London, Rodwell,* 1822. In-4. Soixante-six fig. cart.

2608. Swiss Scenery from drawings by Major Cockburn. *London, Rodwell,* 1820. In-4. Soixante-deux figures, carton.

2609. German Scenery from drawings made in 1820 by Captain Batty. *London, Rodwell,* 1823. In 4. Soixante-deux fig. cart.

2612. Collection de vingt-quatre vues suisses, remarquables par rapport à l'histoire, dessinées d'après nature, par Henri Fuessli. *Zurich,* 1802. 2 vol. in-fol. oblong, fig. coloriées, dos de mar. r.

2702. L'Invocation et l'Imitation des Saints pour tous les jours de l'année. *Paris, Girard Audran,* 1687. 4 tomes en 2 vol. in-24, fig. de Seb. Leclerc, mar. bleu, moire.

2703. Soixante-quatre Estampes pour l'Imitation des Saints. In-24, mar. r.

Gravures autres que les précédentes. Elles sont plus petites, et probablement le premier essai de l'entreprise. — Ce petit volume est très-rare.

2705. Iconographia magni Patris Aurelii Augustini. Studio ac cura F. Eugenii Wamelii Augustiniani edita. *S. à Bolswert sculpsit et excudit Antuerpiæ,* 1624. Fig. in-4 oblong, v. br.

2743. Huit Dessins à la sépia (antiquités grecques), faits pour le

Voyage d'Anacharsis. En un cahier de papier grand in-fol. cartonné.

On y a joint : Quatre portraits de Barthélemy, dessins de Saint-Aubin, plus ou moins achevés ; cinq portraits du même, gravés et de premières épreuves ; une carte de la Grèce, etc.

2833. DEUX DESSINS PAR MOREAU pour la *Conjuration de Venise* et la *Conjuration des Gracques* de Saint-Réal, édition in-12.

Ces deux dessins n'ont pas été gravés.

2852. Estampes allégoriques des événements les plus connus de l'Histoire de France, gravées sur les dessins de Cochin pour l'Abrégé Chronologique du président Hénault. In-fol. dos de mar. r.

Premières épreuves avec plusieurs eaux-fortes, deux portraits du président Hénault, et, ce qui est bien plus rare que les grandes estampes, trente-neuf vignettes et fleurons de Cochin et Moreau pour les éditions in-8 et in-4 de cette même Histoire, épreuves de graveur, et plusieurs autres gravures.

2853. CENT SOIXANTE ET UN DESSINS DE MOREAU, pour l'Histoire de France, avec les gravures de ces Dessins imprimées sur papier de Chine. 4 vol. in-fol. mar. r.

Ils sont sous les n°s 2 à 164. Le n° 1, ainsi que 39 et 95 sont des cartes géographiques. — Tous ces Dessins, ainsi que les gravures, sont très-bien montés sur grand papier, avec filets. Les quatre volumes ont des titres imprimés exprès.

— Deux Dessins du même, pour le même ouvrage, non gravés.

Ce sont les deux derniers cotés 165 et 166.

2854. Cinquante Dessins pour l'Histoire de France, par Lépicié et Monnet. In-4, relié à dos de mar. r.

Ces Dessins servent de préliminaire ou introduction à ceux de Moreau, avec lesquels ils forment, pour le mérite de l'exécution, un contraste assez remarquable.

2855. Figures de l'Histoire de France, dessinées par Moreau, et gravées sous sa direction ; avec le discours de M. l'abbé Garnier. *Paris, Moreau*, 1785. In-4, carton.

Épreuves avant la lettre. On y a joint les premiers sujets publiés par Le Bas. De la plupart des 25 à 30 dernières gravures il n'a été certainement tiré que 50 épreuves, de sorte qu'il n'en peut exister un seul exemplaire complet au-delà de ce nombre 50.

2856. Les mêmes. In-fol, dos de mar. vert.

Sur papier jaune, seul exemplaire tiré.

2894. CENT CINQUANTE-SEPT ESTAMPES gravées à l'eau-forte, représentant les troubles et massacres occasionnés par les guerres de religion dans le XIIIe siècle, tant en France qu'en Belgique et Hollande. In-fol. oblong, v. f.

Bien conservé, et d'épreuves qui doivent être des premières, ce qui se rencontre difficilement. Il y a en tête du recueil 16 autres estampes, relatives aux guerres d'Italie des xve et xvie siècles, gravées par Ph. Galle d'après Stradan.

2968. Mémoires du duc de La Rochefoucauld. *Paris, Renouard*, 1804-1814, 2 tom. en 3 vol. in-12, dont deux rel. en mar. bl. et le 3e cart. (*Imprimé sur vélin.*)

Avec les DESSINS au crayon pour les huit portraits, par Saint-Aubin.

3004. Les Héros de la Ligue, ou la Procession monacale conduite par Louis xiv pour la conversion des Protestants de son royaume. *Paris (Hollande), Père Peters*, 1691, in-4, mar. bl. dont tr. dor. (*Derome.*)

Recueil de vingt-quatre figures satiriques gravées en manière noire. Belles épreuves.

3029. Médailles de Louis xiv. In-4, mar. r.

Ce curieux volume contient tous les portraits de Louis xiv, et celui de la reine Marie Thérèse, extraits du Recueil in-fol. de médailles, et des premières épreuves tirées exprès, plus un Louis xiv, Dessin de Sébastien Le Clerc : avec une Notice abrégée et manuscrite de la vie de ce prince, écrite par Rousselet, avec des ornements dessinés.

3050. Précis historique de la Révolution française, par J. P. Rabaut. *Paris, P. Didot l'aîné*, 1792. 3 vol. in-18, dos de mar. r. non r. dent. tr. dor. (*Bozérian.*)

Avec les six DESSINS ORIGINAUX de Moreau ; dix-neuf autres, et une quantité d'estampes analogues. Imprimé sur vélin.

3053. TABLEAUX HISTORIQUES DE LA RÉVOLUTION. *Paris, Didot l'aîné*, 1798. 4 vol. grand in-fol. pap. vél. dont 3 à dos de mar. r. et le 4e cartonné.

A la fin des trois volumes, entre des feuillets de papier blanc, est placée une multitude de pièces diverses très-remarquables; leur indication sommaire occuperait plusieurs pages. Ce sont des portraits gravés, dessinés, des estampes, des caricatures, des pièces manuscrites, entre autres un billet de la main de Louis xvi, d'autres avec sa signature, quelques-unes de la main de personnages célèbres de la révolution, des assignats vrais et faux, etc. Le quatrième volume se compose de cahiers réimprimés, dont quelques-uns itérativement, pour en conformer la rédaction aux exigences des diverses crises politiques. Cet exemplaire est complet en épreuves avant la lettre, avec beaucoup d'eaux-fortes.

3085. Vingt-deux portraits pour le Sang des Bourbons. In-4, lettre grise.

3087. Portraits pour les Bourbons martyrs, tirés sur in-4, lettre grise. Huit pièces.

3090. Louis xiv et ses Amours. — Louis xiv et ses principaux Ministres. *Paris, Firmin Didot*, 1824-28. Grand in-4, cart.

Avec tous les portraits gravés en deux dimensions pour l'in-4 et l'in-8, et d'autres ajoutés. — L'un des deux exemplaires imprimés sur vélin.

3091. Portraits gravés en deux grandeurs pour les ouvrages ci-dessus. Collection des grands Portraits, avant toutes lettres, sur papier in-fol. dos de cuir de Russie. Soixante pièces.

3092. Les mêmes, gravés plus en petit. Quarante-six pièces, les noms au simple trait. In-4, dos de cuir de Russie.

> Le graveur Roger m'a certifié que, des grands portraits, il n'existait que trois Collections avant toutes lettres, celle-ci et deux autres. Les petits, avec lettre au trait, sont aussi très-rares. Dans l'un et l'autre volume sont ajoutés plusieurs autres portraits des mêmes personnages, et une liste manuscrite de toutes les pièces qui y sont contenues.

3095. Portraits des Députés célèbres à l'Assemblée nationale de France, en 1789. Dessinés par J. Guérin, gravés par Fiesinger. — Portraits des principaux généraux françois, dessinés et gravés par les mêmes, et par madame Herhan. In-4, dos de mar. vert.

> Avec quelques autographes. — Tous ces portraits sont avant la lettre et devenus rares. Plusieurs sont doubles et même triples, sur papier de Chine ou sur papier blanc.

3111. Soixante Vues des plus beaux palais, monuments et églises de Paris, cathédrales et châteaux de la France, gravées par Couché fils, avec leur explication, par M. Lagier de Vaugelas, *Paris, Didot*. 1818. In-8, fig. avant la lettre, cuir de Russie, non r.

3141. Galerie historique des illustres Germains, depuis Arminius jusqu'à nos jours, avec leurs portraits et des gravures représentant les traits principaux de leurs vies, par Antoine de Klein. *Paris, Renouard*, 1806. In-fol. pap. vél. fig. rel. à dos de mar. r. non r.

> L'un des dix exemplaires imprimés sur très-grand papier, avec beaucoup de figures ajoutées, dont trois grandes en bois d'un ouvrage allemand du commencement du xvi siècle.

3142. La même Galerie, en allemand. *Manheim*, 1805. 5 cahiers in-fol. fig. carton.

3173. Les Peuples de la Russie, ou Description des mœurs, usages et costumes des diverses nations de l'empire de Russie (par le comte de Rechberg). *Paris*, 1812. 2 vol. grand in fol. pap. vél. dos de mar. r. non r. 96 gravures.

> Cet exemplaire est du très-petit nombre de ceux qui furent achevés au pinceau ; les autres ont été seulement imprimés avec soin en couleurs. On y a ajouté plusieurs estampes, des cartes et deux dessins à l'encre de Chine.

3561. Les Hommes illustres de France, par M. Perrault. *Paris*, 1696. In-fol. v. br.

> Exemplaire de Colbert. Le premier volume seulement. Il a les deux portraits d'Arnauld et de Pascal en premières épreuves.

3562. Les Illustres François, ou Tableaux historiques des grands

hommes de la France, dans tous les genres de célébrité, jusqu'à l'époque de 1792. *Paris, Ponce.* In-fol. dos de cuir de
Russie.

Cinquante-six feuillets gravés, avec leurs cinquante-six eaux-fortes, et les
CINQUANTE-SIX DESSINS, plus UN DESSIN double, et ONZE qui n'ont pas été
gravés.

SUPPLÉMENT.

3610 *bis.* Neuf miniatures sur vélin.

Trois lettres initiales prises dans un ancien manuscrit. — Saint Pierre et
saint Paul. — Portrait d'un évêque. — Une jeune femme. — L'adoration
des Mages, etc.

3611. Deux grands DESSINS de Peyron pour Salluste, in-fol.

L'un des deux seulement a été gravé in-12.

3612. UN DESSIN DE FRAGONARD. La fête de la bonne-maman. In-
fol. en travers. .

Dessin à la sépia.

3613. DESSIN DE PRUD'HON. Daphnis et Chloé entrant au bain. Encadré.

Au crayon noir rehaussé de blanc.
Ce charmant dessin, où l'on remarque le talent de Prud'hon dans ce
qu'il a de plus gracieux, a été gravé par Roger pour la traduction de Longus
par J. Amyot, publiée en 1803, par M. Renouard, in-12.

3614. AUTRE DESSIN DE PRUD'HON. Abrocome et Anzia. Encadré.

Dessin au crayon noir rehaussé de blanc. Il a été gravé par Roger pour la
traduction italienne d'Abrocome, par Salvini. *Paris, Renouard,* 1800, in-12.
Ce dessin n'est pas inférieur au précédent.

3615. QUATRE DESSINS par Moreau, Guérin et Desenne pour le
Mérite des femmes, de Legouvé. In-12.

Avec les gravures de ces dessins, avant la lettre.

3616. QUATRE-VINGT-DOUZE DESSINS pour les fables de Florian,
1 vol. in-12, dem.-rel. mar. r.

Sur les 92 dessins, il y en a douze de la main de MOREAU. Ces figures ont
été gravées pour l'édition de M. Renouard, 1812.

3616 *bis.* Vingt-trois planches de la grande galerie de Versailles,
gravées par Massé, d'après Lebrun. In-fol.

3616 *ter.* Quatre planches des tapisseries du roi, d'après Ch. Le
Brun, gravées par S. Leclerc, etc. Entrevue de Louis XIV avec
Philippe IV. Mariage de Louis XIV. Défaite de l'armée espagnole.
Renouvellement de l'alliance avec les Suisses.

3617. VENUS ANADYOMÈNE, gravée par Saint-Aubin, d'après le Ti-
tien. Pièce gr. in-4.

Premier état. Avant la bordure et la coquille, et les mots, *gravé en 1776,* etc.

3618. Le Gâteau des rois (Partage de la Pologne, en 1772), pièce satirique gravée par Lemire. In-fol.

3620. Vingt-deux fleurons ou culs-de-lampe gravés d'après les dessins de Gravelot, pour la *Gerusalemme liberata, Parigi*, 1770, 2 vol. in-8 et in-4.

Épreuves du dessinateur.

3621. Portraits de T. Tasso, du Dante, de Pétrarque et de L'Arioste, gravés par Lapi. In-8, dem.-rel. mar. bl.

Ces quatre portraits ont été imprimés sur des feuillets de papier blanc trouvés à la suite d'un exemplaire du Virgile des Alde de 1514, qui avait appartenu au Tasse. Voir la notice manuscrite de M. Renouard, en tête du volume.

3622. Vingt-deux gravures d'Albert Durer. Pet. in-4, cart.

Belles épreuves de pièces gravées au burin et presque toutes rares. Saint Christophe, la Vierge à la pomme, le Saint Suaire, pièce sur fer blanc, la Pénitence d'Adam, etc.

3639 *bis*. OEuvres de Salomon Gessner. *Paris, Renouard (Dijon, P. Causse)*, 1795, 4 vol. in-8, gr. pap. vél. fig. de Moreau, mar. r. dent. tr. dor. tabis. (*Bozerian.*)

Outre les figures avant la lettre et les eaux-fortes, cet exemplaire contient des épreuves de toutes les corrections faites aux gravures pendant leur exécution. C'est le seul où soient réunies toutes ces épreuves différentes. Beaucoup d'autres jolies vignettes y ont été également ajoutées.

NOMS DES ARTISTES